옹기

韓國基層文化의 探究─⑩

옹기 甕器

Onggi, Breathing Korean Pottery

숨쉬는 항아리, 우리 삶과 신앙이 담긴 옹기그릇의 모든것

사진 황헌만 / 글 이영자·배도식

열화당

"늦저녁 때쯤 해서 불질이 시작됐다. 불질. 결국은 이 불질이
독을 쓰게도 못 쓰게도 만드는 것이다. 지은 독에 따라서
세게 때야 할 때 약하게 때도, 약하게 때야 할 때 지나치게
세게 때도, 또는 불을 더 때도 덜 때도 안 된다.
처음에 슬슬 때다가 점점 세게 때기 시작하여 서너 시간 지나면
하얗던 독들이 흑색으로 변한다. 거기서 또 너더댓 시간 때면
독들은 다시 처음의 하얗던 대로 되고, 다음에 적색으로 됐다가
이번에는 아주 샛말갛게 되는데, 그것은 마치 쇠가 녹은 듯,
하늘의 해를 쳐다보는 듯이 된다. 그리고 정말 다음날 하늘에는
맑은 가을 햇빛이 빛나고 있었다.
곁불 놓기를 시작했다. 독 가마 양 옆으로 뚫은 곁창 구멍으로
나무를 넣는 것이다.
이제는 소나무를 단으로 넣기 시작했다. 아궁이와
곁창의 불길이 길을 잃고 확확 내쏜다. 이 불길이 그대로
어제 늦저녁부터 아궁이에서 좀 떨어진 한곳에 일어나 앉았다
누웠다 하며 한결같이 불질하는 것을 지키고 있는
송영감의 두 눈에서도 타고 있었다."
— 황순원(黃順元)의 「독 짓는 늙은이」 중에서

차례

옹기가 놓인 삶의 풍경

Scenes from Life with *Onggi*

3. 충청남도 서천군 한산면 축동리. 1982.
   Chukdong-ri, Hansan-myeon, Seocheon-gun, Chungcheongnam-do.

1. 경상북도 안동시 풍천면 하회마을 양진당(養眞堂). 2001.(pp.10-11)
   Yangjindang, Hahoe Folk Village, Pungcheon-myeon, Andong-si, Gyeongsangbuk-do.

2. 경상북도 안동시 풍천면 하회마을 충효당(忠孝堂). 2001.(pp.12-13)
   Chunghyodang, Hahoe Folk Village, Pungcheon-myeon, Andong-si, Gyeongsangbuk-do.

4. 경상북도 안동시 풍천면 하회마을 양진당. 2001.
   Yangjindang, Hahoe Folk Village, Pungcheon-myeon, Andong-si, Gyeongsangbuk-do.

장독대 주변에는 모란 · 작약 · 맨드라미 · 채송화 · 봉숭아 ·
백일홍 등을 심어 아름답게 가꾸거나, 포도넝쿨이나 장미넝쿨로
울타리를 만들어 정취를 더하기도 했다. 맨드라미는 출세를 뜻하며,
채송화 · 봉숭아는 다산(多産)을 의미하고, 넝쿨식물은 장수를
바라는 마음이 담긴 걸 보면, 그저 아름다움만을 추구한 것은
아니었음을 알 수 있다.(도판 1-4)

5. 전라북도 임실군 덕치면 천담마을. 1992.
   Cheondam village, Deokchi-myeon, Imsil-gun, Jeollabuk-do.

대개 장독대 한 곁에는 직사광선을 살짝 피해 가는
나무 한 그루가 서 있기 마련인데, 감나무 · 앵두나무 ·
대추나무 · 석류나무 등을 심어 열매를 맺게 하고 여인들이
작은 과일을 따 먹는 즐거움도 맛볼 수 있게 한 것이다.

6. 경상남도 밀양시 부북면 퇴로리. 2001.
   Toero-ri, Bubuk-myeon, Miryang-si, Gyeongsangnam-do.

경상도 독은 배가 볼록하게 나왔지만, 어깨선 부분이 급한
경사를 이루면서 입지름이 좁은 형태를 띠고 있다. 흔히 어깨선
부분에 목질띠와 근개띠를 넣어 항아리 뚜껑을 덮었을 때
항아리가 왜소해 보이지 않고 둥그스름하게 보이도록 시각적인
효과를 주기도 한다. (도판 6, 8-9)

7. 전라남도 나주시 남내동. 2005.
   Namnae-dong, Naju-si, Jeollanam-do.

8–9. 경상남도 밀양시 부북면 퇴로리. 2001.(pp.20–23)
   Toero-ri, Bubuk-myeon, Miryang-si, Gyeongsangnam-do.

달덩이처럼 배가 부르고 밑지름보다 입이 넓어 풍만함이 돋보이는
형태가 전라도 독이다. 독의 기벽에 도구를 이용해 그려 넣은 근개띠와
목질띠 장식이 항아리의 배를 더 부르게 보이도록 하며, 손띠그림인
활형문(弧形文, 닭꼬리문 또는 반달문)이나 산형문(山形文) 등을
그려 넣어 기교 없는 순진한 멋스러움을 나타내곤 했다.
자배기를 뚜껑으로 사용하는 것도 이 지방에서는 흔히 볼 수 있는데,
자배기는 큰 잔치나 일이 많은 농사철에 여러 가지 용도로
요긴하게 쓰이곤 했다.

10. 경상북도 안동시 풍천면 하회마을. 1978.
   Hahoe Folk Village, Pungcheon-myeon, Andong-si, Gyeongsangbuk-do.

11. 전라남도 순천시 승주읍 도정리. 1980.
　　Dojeong-ri, Seungju-eup, Suncheon-si, Jeollanam-do.

12. 경상북도 안동시 풍천면 하회마을. 2001.
Hahoe Folk Village, Pungcheon-myeon, Andong-si, Gyeongsangbuk-do.

장독대의 주인은 여인들이었다. 그곳에서 우리 어머니들의 손길은
항상 분주했다. 독을 닦는 것은 물론이고 그곳에 채반이나 멍석을
펼쳐 놓고 호박고지며 무말랭이 · 산나물도 널어 말렸다. 처마 밑에는
곶감 · 시래기 · 메주를 매달아 놓고 말렸으며, 콩 · 팥 · 깨 등을 털어
낱알을 일구는 것도 부지런한 여인네들의 몫이었다. (도판 10-12)

사랑채와 안채가 구분되어 있는 사대부가나 양반집에서는 장독대를
안주인의 시야에 잘 들어오도록 확 트인 안채 마당 한가운데 두었다.
하지만 일반 민가의 장독대는 흔히 부엌과 연결되는 뒷마당 한적한
곳에 작은 돌단을 쌓아 만들었다. 광마루를 열어젖히면 뒷마당의
장독대가 앞마당에서도 보인다. 부엌문으로 곧바로 통할 수 있게 하여
여인들의 수고를 덜어 주기 위함이다. 한편 산간마을에서는 비탈진
산기슭의 널찍한 바위를 기단 삼아 장독대를 꾸미기도 했는데,
억지 부리지 않고 자연 그대로를 살려 이용한 장독대여서
더욱 소박하고 정겹다. (도판 13-16)

26

13. 전라남도 구례군 토지면 오미리 운조루(雲鳥樓). 1992.
    Unjoru, Omi-ri, Toji-myeon, Gurye-gun, Jeollanam-do.
14. 전라남도 나주시 남내동. 2005.
    Namnae-dong, Naju-si, Jeollanam-do.

15. 전라북도 임실군 덕치면 구담마을. 1995.
    Gudam village, Deokchi-myeon, Imsil-gun, Jeollabuk-do.
16. 전라북도 임실군 강진면 부흥리. 1995.
    Buheung-ri, Gangjin-myeon, Imsil-gun, Jeollabuk-do.

17. 경상북도 안동시 와룡면 가야리. 2005.
   Gaya-ri, Waryong-myeon, Andong-si, Gyeongsangbuk-do.

수돗물이 없던 시절에는 우물에서 물을 길어 와 부엌에 저장해 두고 썼다.
'물독' 또는 '물항아리'는 주로 물을 저장하는 데 쓰는 독으로
부엌 한켠에 놓고 쓰거나 바닥에 묻어 두고 썼고, '물두멍' 또는 '드므'는
두세 동이 정도의 물이 들어가는 용기로 물독에서 필요에 따라 수시로
따라 쓸 수 있도록 한 것이다. 물두멍은 흔히 항아리 뚜껑으로도 쓰였으며,
집안에 큰일을 치를 때에는 채소를 절이고 버무리거나 쌀을 씻을 때,
혹은 설거지통 등으로 요긴하게 사용되었다. 지방에 따라서는
소래기 · 버치 · 큰자배기 · 너럭지 등으로도 불린다. (도판 17-18)

18. 전라남도 나주시 남내동. 2005.
   Namnae-dong, Naju-si, Jeollanam-do.

20. 경상남도 밀양시 단장면 구천리 표충사(表忠寺). 2006.
Pyochungsa temple, Gucheon-ri, Danjang-myeon, Miryang-si, Gyeongsangnam-do.

21. 경상북도 예천군 용문면 내지동 용문사(龍門寺). 1984.(p.35)
Yongmunsa temple, Naeji-dong, Yongmun-myeon, Yecheon-gun, Gyeongsangbuk-do.

19. 전라남도 순천시 송광면 신평리 송광사(松廣寺). 1985.(pp.32–33)
Songgwangsa temple, Sinpyeong-ri, Songgwang-myeon, Suncheon-si, Jeollanam-do.

간장이나 된장 하나로 맛을 내는 사찰음식은 일반 살림집과는
달리 장류(醬類)의 음식문화가 돋보인다. 그래서 사찰의
장독대는 사찰의 규모만큼 넓고 독들도 신도들의 수만큼 크고
많으며, 집 한 채는 넉넉히 들어설 만한 공간에 공양주 보살 외에는
들어설 수 없도록 낮은 울타리를 쳐 놓곤 한다. 독과 독 사이가
떨어져 있어 어느 곳으로나 통할 수 있도록 되어 있으며,
독의 배열도 궁궐의 장독간만큼이나 질서정연하다.(도판 19–20)

22-23. 경상북도 안동시 풍천면 하회마을 충효당. 2001.(pp.36-39)
　　　Chunghyodang, Hahoe Folk Village, Pungcheon-myeon, Andong-si, Gyeongsangbuk-do.

24. 전라남도 해남군 해남읍 연동리. 1977.(p.41)
　　　Yeondong-ri, Haenam-eup, Haenam-gun, Jeollanam-do.

25. 전라남도 완도군 청산면 당리. 1979.(pp.42-43)
　　　Dang-ri, Cheongsan-myeon, Wando-gun, Jeollanam-do.

뚜껑은 보통 항아리와 짝을 이루어 만들어지는 것이 아니라 별도로
맞추어 써야 하며, 뚜껑의 크기나 높이는 항아리 모양에 따라 각각 다르다.
높이는, 배부른 항아리가 높고 길쭉한 항아리는 낮게 만들어지는 편이다.
뚜껑의 지름은 항아리 입지름에, 전(또는 시욱, 입구 테두리)
두께(보통 삼 센티미터 정도)의 두 배 정도를 더한 것으로 정해진다.
항아리 뚜껑 중에 모양이 특이한 것으로 연봉(蓮峰)뚜껑이 있는데,
손잡이 꼭지가 연꽃 봉오리를 닮았다 해서 붙여진 이름으로,
맨 처음 사찰에서 만들어 썼을 것으로 추측된다. 연봉뚜껑은 전라도,
특히 남원 지방에서 많이 생산되며, 탑처럼 높이 쌓아 올린 것은
영암 지역에서 많이 볼 수 있다. 경기도 쪽에서는
연봉 꼭지 주위로 줄띠를 둘러 주기도 한다.

26. 경상북도 안동시 임하면 지례마을. 1983.
   Jire village, Imha-myeon, Andong-si, Gyeongsangbuk-do.

독이나 항아리를 곳간 안에 또는 곳간 밖 처마 밑에
보관해 두기도 했는데, 이런 독에는 흔히 날곡식이나
씨앗들을 보관하기도 하고, 간혹 헌 옷가지나 옷감 들을
넣어 두기도 한다. 때로는 곶감이나 엿 등의 간식을 넣어 두는
할머니의 보물창고도 된다.(도판 26-27)

27. 전라남도 담양군 담양읍 가산리 회룡마을. 1991.
　　Hoeryong village, Gasan-ri, Damyang-eup, Damyang-gun, Jeollanam-do.

28. 경상북도 안동시 임하면 천진리. 1983.(pp.46-47)
　　Cheonjin-ri, Imha-myeon, Andong-si, Gyeongsangbuk-do.

간장·된장·고추장 등 장을 담그고 나서는 맛이 들도록 오랫동안
숙성시켜야 하는데, 이를 위해서 낮시간을 이용해 뚜껑을 열어 햇볕을
쬐임으로써 발효와 살균을 했다. 이때 파리나 벌레·이물질 등이 들어가지
않도록 흔히 얇은 헝겊이나 촘촘한 망을 씌워 놓곤 한다.(도판 28)

29. 전라남도 남원시 주천면 덕치리 회덕마을. 1979.
   Hoedeok village, Deokchi-ri, Jucheon-myeon, Namwon-si, Jeollabuk-do.

산기슭이나 경사진 면을 이용한 장독대는 흙이나 돌이
쓸려 내려오는 것을 막기 위해 긴 장대석이나 묵직한 돌로
단을 만드는데, 그 사이사이에 작은 돌을 채워 넣어 물빠짐도
원활하게 한다. 한편 평지에 장독대를 만드는 경우에는,
작은 돌들로 기단을 쌓은 후 그 위에 넓고 평평한 돌판을
깔아 놓는다. 얼키설키 어우러진 돌담 속에서
단아한 장독대의 모습이 고즈넉해 보인다.(도판 29-30)

30. 충청북도 청원군 문의면 문덕리. 1978.
　　Mundeok-ri, Muni-myeon, Cheongwon-gun, Chungcheongbuk-do.

31. 경상남도 고성군 하이면 와룡리 운흥사(雲興寺). 1984.(pp.50-51)
   Unheungsa temple, Waryong-ri, Hai-myeon, Goseong-gun, Gyeongsangnam-do.

32. 전라북도 순창군 적성면 석산리. 1992.(p.53)
   Seoksan-ri, Jeokseong-myeon, Sunchang-gun, Jeollabuk-do.

운흥사는 아담하고 예쁘면서도 특이한 형태의 장독대를 갖고 있다.
낮은 자연석 기단으로 바닥을 고르게 한 후 그 위에 작은 자갈을
깔아 장독대를 만들었다. 장독대 주위에 돌담을 쌓아 기와로
용마름을 덮었는데, 이끼 낀 기와가 산사의 목탁 소리만큼이나
깊어 보인다. 햇볕이 좋은 날이면, 씻어 놓은 양은그릇도 엎어 놓고
빗자루도 말려야 하는 공양주 보살의 하루가 바쁘기만 하다.(도판 31)

1960년대 이후 급격한 산업발달과 경제성장으로 운송수단도 발달해
도시와 농촌 간의 거리가 매우 가까워졌다. 이농현상이 가속화하면서
독의 형태도 지역별 특성을 잃어 갔다. 크기도 차츰 작아지고,
볼록했던 항아리도 배가 줄어들었으며, 다양한 종류의 생활 옹기들이
하나둘씩 사라져 갔다. 지금은 중부 지방의 항아리가 전라도에서도 보이며,
전라도 항아리를 서울에서도 흔히 볼 수 있게 되었다.(도판 32)

33. 제주도 남제주군 표선면 성읍리. 1980.
   Seongeup-ri, Pyoseon-myeon, Namjeju-gun, Jeju-do.

34. 경상북도 안동시 와룡면 오천리 광산김씨(光山金氏) 종택. 2005.
   Ocheon-ri, Waryong-myeon, Andong-si, Gyeongsangbuk-do.

35-36. 경상북도 안동시 와룡면 주하리 진성이씨(眞城李氏) 종택. 2005.(pp.56-57)
Juha-ri, Waryong-myeon, Andong-si, Gyeongsangbuk-do.

농경사회에서는 반드시 수확한 곡식이나 씨앗을 보관하는
창고가 필요한데, 이곳을 곳간·고방 또는 광이라 부른다.
곳간은 주로 사랑채나 독립된 건물에 두고, 광은 본채(안채)나
별채에 둔다. 토벽이나 널빤지를 이용해 마루나 벽을 만들었고,
선반과 시렁을 만들어 광주리나 둥구미 같은 것을 얹어 놓기도 했다.
그곳에는 곡물·씨앗·농기구 그리고 헌 옷가지나 마른 찬거리 및
간식거리 등 다양한 물건을 보관했다.(도판 35-38)

37. 경상북도 안동시 도산면 토계리 이황(李滉) 종택. 1996.
   Togye-ri, Dosan-myeon, Andong-si, Gyeongsangbuk-do.

특이한 재료로 만든 독으로는 채독·나무독·종이독 등이 있다. 채독은
싸릿개비나 나무오리 등을 엮어 독 모양을 만들고, 안팎으로 종이를
바른 뒤 기름을 먹이거나 진흙이나 보릿겨 반죽을 발라 틈을 메워 만든다.
나무독은 주로 산간지방에서 사용했는데, 굵은 피나무를 독 크기로 잘라
양쪽에서 속을 파들어 간 다음 밑면에 소나무로 된 받침을 끼우고 굽 둘레에
팽이풀을 이겨 발라 내용물이 새지 않게끔 만들어 쓴다. 종이독은 쓰다 버린
폐지나 휴지·파지 등을 물에 풀어 녹이고 밀풀을 섞어 절구에 곱게 찧어서
점토처럼 만든 후, 이를 이겨 붙여서 만든다. 이때 들기름이나 콩기름을 먹여
충해를 막고 오래 사용할 수 있도록 했다.

38. 경상북도 안동시 와룡면 가야리 긍구당(肯構堂). 2005.
　　Geunggudang, Gaya-ri, Waryong-myeon, Andong-si, Gyeongsangbuk-do.

39. 전라남도 완도군 청산면 당리. 1979.
   Dang-ri, Cheongsan-myeon, Wando-gun, Jeollanam-do.

40. 전라남도 완도군 청산면 읍리. 1979.
   Eup-ri, Cheongsan-myeon, Wando-gun, Jeollanam-do.

완도에서는 마룻방에 여러 가지 항아리나 단지들과 함께 신주(위패)와
조상단지를 모셔 둔다. 이곳에서는 신주를 '독'이라고도 부르는데,
이 단지나 항아리들은 평소에 제물이나 곡물을 저장하는 용도로 쓰인다.
물이 귀한 섬 지방에서 옹기 물동이 대신 양철로 만든
양동이가 보이게 된 것도 근대화 이후의 일이다.(도판 39-40)

41. 강원도 삼척시 도계읍 신리. 1977.
   Sin-ri, Dogye-eup, Samcheok-si, Gangwon-do.

42. 충청남도 청양군 정산면 내초리. 2000.
   Naecho-ri, Jeongsan-myeon, Cheongyang-gun,
   Chungcheongnam-do.

43. 전라북도 임실군 덕치면 구담마을. 1992.
   Gudam village, Deokchi-myeon, Imsil-gun, Jeollabuk-do.

물·술·인분을 운반할 때 쓰이며, 아래쪽은 평평한 원형으로
옥동이 형태이고, 중간부분에 불룩 튀어나온 주둥이가 있어 내용물을
담을 수 있도록 만든 것을 장군이라 부른다. 그 안에 담기는 내용물에
따라 물장군·술장군·오줌장군·똥장군 등으로 불리는데, 짚이나 풀잎·
헝겊 등으로 주둥이를 막아 지게에 뉘어 운반한다. 주로 질이나 옹기로
만들고 간혹 나무(가죽나무)로 만든 것도 있다. 형태에 따라서는
높이가 작은 반장군, 씨앗단지 형태에 나팔꽃처럼 퍼진
입과 손잡이가 달린 오줌장군 등이 있다. (도판 41-43)

44. 경상북도 안동시 풍천면 하회마을. 1976.
   Hahoe Folk Village, Pungcheon-myeon, Andong-si, Gyeongsangbuk-do.

떡시루·콩나물시루·숙주나물시루·약시루·명기용시루 등
다양하게 사용되는 시루는 우리 생활사에서 빼놓을 수 없는 용기다.
그 중 가장 많이 쓰이는 떡시루는 물두멍과 비슷한 형태로 비교적
넓고 높은 키에 다섯 개 내지 열두 개의 구멍과 손잡이가 있다.
시루는 강화지역이 유명한데, 강화대교 안쪽 지역에는
'도둑시루' 라는 것이 있다. 이는 크기가 작아 적은 양의 음식을
해 먹기에 편리한데, 배고픈 시절 며느리가 시어머니 몰래
음식을 해 먹었다 해서 이런 이름이 붙여졌다. 한편 떡을 찔 때
시루 밑 둘레에 테두리를 붙인 후 솥 위에 얹어 놓는데 이 테두리를
시룻번이라 하며, 흔하지는 않지만 애초에 테가 둘러진 채로 만들어진
시루도 있다. 시루를 보관할 때는 보통 햇볕이 가장 잘 드는 장독대나
독 위에 시루 밑의 구멍이 하늘을 향하도록 엎어 놓는다.

45. 경기도 안산시 상록구 사동. 1989.
    Sa-dong, Sangnok-gu, Ansan-si, Gyeonggi-do.

46. 전라남도 무안군 몽탄면 몽강리. 2005.
   Monggang-ri, Mongtan-myeon, Muan-gun, Jeollanam-do.

47. 전라남도 무안군 몽탄면 몽강리. 2005.
   Monggang-ri, Mongtan-myeon, Muan-gun, Jeollanam-do.

옛 서민 가옥에서는 옹기로 만든 굴뚝을 흔히 볼 수 있었다.
토관(土管)처럼 만들어 불룩한 이음새 부분에 이어서 사용했는데,
행여 초가에 불씨라도 닿을까 높이 올려 놓았다. 굴뚝은 연통만으로
된 것과 연통 위에 연가(煙家)를 얹은 것으로 구분되며,
모양은 지역과 기후, 건축물의 형태에 따라 조금씩
다르게 나타난다. (도판 45-47)

48. 전라남도 나주시 남내동. 2005.
   Namnae-dong, Naju-si, Jeollanam-do.

초가집에서는 굴뚝이 지붕 아래 또는 토방 사이에 세워진 것이 많으며,
기와집 굴뚝은 멀리 담장 가까운 곳에 설치해 놓곤 했다.
유약을 바르지 않은 빨간 도기굴뚝은 서산의 해미에서, 민자굴뚝은
홍성의 광천에서, 일자형 굴뚝은 전라도 지방에서 볼 수 있다.(도판 48-49)

49. 전라남도 나주시 남내동. 2005.
    Namnae-dong, Naju-si, Jeollanam-do.

50. 충청남도 아산시 송악면 평촌리. 1985.
   Pyeongchon-ri, Songak-myeon, Asan-si, Chungcheongnam-do.

김치광은 김장독을 땅 속에 묻은 후 짚으로 그 주변을 움집처럼 만들고
거적문도 만들어 올려 드나들 수 있도록 한 것이다. 지열을 이용해
김장독이 얼지 않게 하고 움집을 만들어 바람막이·눈막이 역할을
하게 하면, 겨울 내내 신선한 김치를 먹을 수 있었다.

51-52. 경기도 여주군 북내면 덕산리. 1970.(pp.71-73)
　　　Deoksan-ri, Bungnae-myeon, Yeoju-gun, Gyeonggi-do.

53. 경기도 이천시 백사면 신대리. 1975.(pp.74-75)
　　　Sindae-ri, Baeksa-myeon, Icheon-si, Gyeonggi-do.

중부지방의 옹기는 큰 키에 배가 그다지 불룩하지 않고, 입지름과
밑지름의 크기가 거의 같은, 날씬한 모양을 하고 있다. 서울 · 인천 ·
경기도 지역 옹기는 배가 덜 부르고 전과 굽이 큰 편이다.
강원도 옹기는 경기도 것과 유사하나 전과 입지름 · 뚜껑이 더 넓고
어깨 부분의 경사가 급하다. 다른 지역에 비해 큰 독이 없고
작은 항아리가 많은데, 이는 산악지방의 지형적 영향과 해산물이 풍부해
저장용 옹기의 필요성이 크지 않았던 점, 그리고 산림이 풍부해 나무독이
많이 사용되었기 때문인 것 같다. 충청도 옹기는 서울 · 경기도 것에 비해
좀더 둥근 형태를 띠며 둔탁하고 무겁다.(도판 51-53)

54. 전라남도 순천시 낙안면 낙안읍성 민속마을. 1978.
   Naganeupseong Folk Village, Nagan-myeon, Suncheon-si, Jeollanam-do.

낙안면의 동내리 · 남내리 · 서내리 세 개 마을로 이루어진
낙안읍성 민속마을은 많은 민속학 자료가 보존되어 있으며,
잘 다듬어진 성곽이 초가지붕과 어우러져 옛 정취가 그윽하다.
돌담으로 이어지는 고샅을 따라 백여 가구가 자리하고 있는데,
여기에 남아 있는 크고 작은 장독대의 옹기들은
전형적인 전라도 옹기의 모습을 보여준다.(도판 54-57)

55-57. 전라남도 순천시 낙안면 낙안읍성 민속마을. 2005.(pp.78-81)
Naganeupseong Folk Village, Nagan-myeon, Suncheon-si, Jeollanam-do.

옹기는 쓰임새나 모양뿐만 아니라 크기에 따라서도 지역마다 부르는 이름이
다양하다. 전라도 지역에서는 나락 한 섬들이 독은 띠가 두 줄이어서
'두띠백이', 두 섬들이 독과 세 섬들이 독은 '두섬' '세섬'이라 부른다.
열 동이나 일곱 동이짜리는 '젓발이'라 하는데, 열 동이는 '큰젓발이',
일곱 동이는 '작은 젓발이'라 한다. 다섯 말들이 독은 '춘머리' 혹은
'추머리'라 하며, 세 동이짜리나 두 동이짜리는 '동우대신',
한 동이 반짜리와 한 동이는 '중진알', 다섯 되에서 일곱 되 크기는
'오개단지', 두세 되짜리는 '오가리'라 한다. 그리고 아주 작은 한 되 정도
크기의 단지를 '초새알단지'라 부른다. 한 되 밑으로는 '알단지'라 하는데,
모양에 따라 수박같이 생긴 '수박단지', 키가 작고 넓은 '넙단지' 등이 있다.
그 밖에 이보다 더 작은 것들은 '새끼단지'라 한다.

58. 서울시 마포구 도화동. 1969.(p.83)
   Dohwa-dong, Mapo-gu, Seoul.

59. 경기도 이천시 마장면 장암리. 1984.(pp.84-85)
   Jangam-ri, Majang-myeon, Icheon-si, Gyeonggi-do.

옹기점에서 만들어진 옹기를 모아 놓고 파는 곳을
'옹기전'이라 한다. 19세기말까지만 해도 옹기장수들이
옹기를 지게에 지거나 머리에 이고 다니면서 팔았는데,
시장이 형성되고 마을마다 장터가 생기면서 옹기도 한곳에서
팔리게 되었다. 사십여 년 전만 해도 서울 사대문 안팎으로
옹기전이 형성되어 있었다. 안쪽으로는 주로 마포나루를 끼고
염천교까지 옹기전이 줄지어 있었는데, 이곳은 주로
소금과 젓갈을 보급하는 길목이었다. 그래서 근세에까지
옹기 공급처로서 맥을 이어 왔으며, '새우젓독' 하면 마포를
떠올리게 된다. 특히 마포나루에서 배와 뗏목을 이용해
한강·남한강을 거슬러 이천·여주와도 활발한 물자 운송이
이루어졌으며, 멀리 강원도 정선의 뗏목꾼들에게도 옹기는
중요한 생필품 중의 하나였다. 그 밖에 시흥·영등포·송파·
망우리·전곡·강화 등지에 이름있는 가마터와 옹기점이
많이 산재해 있었다.

민간신앙에 나타난 집지킴이, 옹기

Onggi, A Houseguardian Appeared in Falk Beliefs

61. 충청남도 서천군 한산면 축동리 칠성. 1982.
   Chukdong-ri, Hansan-myeon, Seocheon-gun, Chungcheongnam-do.

60. 전라북도 임실군 강진면 부흥리 천룡굿. 1995.(pp.88-89)
   Buheung-ri, Gangjin-myeon, Imsil-gun, Jeollabuk-do.

전라도 지역에서는 장독대를 관장하는 천룡신이 장독들을
무사하게 보관해 주어 장맛이 온전하기를 바라고, 집안에
부귀와 화평을 비는 뜻으로 장독대에서 천룡굿을 지냈다.
철륭굿·천룡굿·철룡굿 등으로 불리기도 하는 천룡굿은
보통 정월 대보름이나 단오·칠월칠석 등에 하는데,
한여름에 두레를 끝마치고 두레패들이 풍물을 치면서
마을을 돌아다니며 하는 경우도 있다.(도판 60)

62. 전라남도 화순군 한천면 한계리 한천마을 칠성. 1987.
   Hancheon village, Hangye-ri, Hancheon-myeon, Hwasun-gun, Jeollanam-do.

63. 충청북도 옥천군 동이면 청마리 칠성. 1979.(pp.92-93)
   Cheongma-ri, Dongi-myeon, Okcheon-gun, Chungcheongbuk-do.

칠월칠석 때는 장독대에 정화수나 간단한 음식, 혹은 시루떡을 놓고
칠성제(七星祭)를 지낸다. 전라도 지역에서는 정화수를,
중부지역에서는 시루떡을, 경상도에서는 간단한 제수(祭需)를
차려 놓고 제를 지내며, 또 가정에 따라서 제는 지내지 않고
정화수만 올리는 곳도 있다.(도판 61-64)

64. 충청북도 옥천군 동이면 청마리 칠성. 1979.
Cheongma-ri, Dongi-myeon, Okcheon-gun, Chungcheongbuk-do.

65. 전라남도 무안군 몽탄면 몽강리. 2005.
   Monggang-ri, Mongtan-myeon, Muan-gun, Jeollanam-do.

옛 사람들은 장을 담근 후 한지로 버선본을 오려서 장독에 거꾸로
붙여 둠으로써 장맛이 변질되지 않기를 기원했다. 이는 무언가를
'밟는다'는 버선본의 상징적인 의미를 빌려 온 것으로, 벌레나 부정한 것
또는 잡귀가 범접하지 못하도록 하는 주술적인 의미가 들어 있다.
거꾸로 붙인 것은, 정상적인 모양보다는 거꾸로 함으로써 장독에
침입하려는 악귀에게 더욱 두려움을 주어 접근을 막으려 한 것이다.

66-67. 전라북도 고창군 고수면 상평리 신평마을 천룡굿. 1995.(pp.96-97)
Sinpyeong village, Sangpyeong-ri, Gosu-myeon, Gochang-gun, Jeollabuk-do.

장맛의 변질을 막기 위해 장독의 전 아래에 왼새끼줄을 치거나
숯과 한지를 매달기도 하는데, 이는 모두 정화(淨化)를 바라는
의미다. 또한 쌀과 정화수를 올려 놓고 제를 지내는 천룡굿도
장독들을 무사하게 보관해 주고 장맛이 온전하기를 바라는 의미인데,
이때 부정을 막기 위해 풍물을 치기도 한다.

68. 경상북도 예천군 감천면 돈산리 산골마을 용단지 고사. 1998.
    Sanggol village, Donsan-ri, Gamcheon-myeon, Yecheon-gun, Gyeongsangbuk-do.

옛 사람들은 매년 동짓날이 되면 액맥이 고사를 지냈다.
새알 팥죽을 쑤어 바가지에 담아, 붉은빛이 나는 팥죽물을
솔가지에 적셔서 장독대나 문 입구 등에 뿌린 후, 광에 모셔 놓은
터주단지 위에 팥죽을 올려 놓고 비손을 했다. 경북 내륙지방에서는
터주단지를 용단지라 부르기도 했는데, 이는 물을 주어 농사가
잘 되게 해주는 용신(龍神)을 숭배하는 사상에서 연유한 것으로 보인다.
또한 동지뿐 아니라 설·대보름·추석 때에도 집안에 재물이 늘고
무사평안하게 해 달라고 용단지 고사를 지내곤 했다.

69. 경상북도 예천군 감천면 돈산리 산골마을 용단지 고사. 1998.
   Sanggol village, Donsan-ri, Gamcheon-myeon, Yecheon-gun, Gyeongsangbuk-do.

70. 전라북도 임실군 덕치면 구담마을 조왕. 1992.
    Gudam village, Deokchi-myeon, Imsil-gun, Jeollabuk-do.

조왕신은 부엌의 불을 관장하면서 음식맛과 가족의 건강을
지켜 주는 신이며, 조왕중발은 부엌을 다스리는 조왕신을
모시는 신체(神體)를 말한다. 하얀 대접이나 중발에 정화수를
담아 신체를 표시하는데, 지역에 따라서는 옹기로 된 작은
단지의 뚜껑을 쓰기도 하고, 접시에 콩기름이나 들기름을 부어
불을 켜 두기도 한다. 새벽에 떠 온 정화수를 중발이나 대접에
부어 놓고 손을 모아 비손을 하면서 우환을 멀리하고
중대사가 잘 처리되기를 기원한다.

71. 전라북도 임실군 덕치면 구담마을 조왕. 1992.
   Gudam village, Deokchi-myeon, Imsil-gun, Jeollabuk-do.

옛 사람들은 조왕신을 잘 섬겨야 부엌 관리가 잘 되어 가족들이 건강하게
잘 살 수 있다고 믿었다. 조왕신이 노하면 집안이 망한다고 여겼기에,
예로부터 부엌에서는 욕을 하지 않았고, 아궁이에 냄새나는 물건을
태우지 않았으며, 좋지 않은 나무도 때지 않았고, 큰솥 근처에는 칼이나
도끼 같은 흉기도 올리지 않았다. 또한 조왕신을 공경하는 뜻으로
부엌을 드나들 때 문턱을 밟지 말아야 했다.

72. 전라북도 부안군 위도면 진리 조왕고사. 1985.
　　Jin-ri, Wido-myeon, Buan-gun, Jeollabuk-do.

전북 위도에서는 정월 초하루 아침 차례상에 올릴 젯밥을
담기 전에 솥단지 속의 새로 지은 밥 위에 밥주걱을 꽂아 놓고
조왕신에게 고사를 올린다. 조왕신을 섬기는 민속은
중국에서 건너온 것으로 보는데, 옛날에는 우리나라
가정의 거의 모든 여인들이 섬기는 신이었다.

73. 강원도 태백시 철암동 버들골 호식총. 1991.
  Beodeulggol, Cheoram-dong, Taebaek-si, Gangwon-do.

호랑이에게 희생당한 사람의 무덤을 호식총이라 한다.
북부지역이나 강원도 등 주로 산간지방에서 볼 수 있었던
호식총은, 흙으로 덮지 않고 돌로 봉분을 만들며 그 위에
떡시루를 덮거나 쇠꼬챙이를 박아 두기도 한다. 호랑이가 다른
사람을 잡아먹도록 귀신이 인도하는 것을 방지하기 위해,
무덤 밖으로 나오지 못하게 하기 위함이다.
돌무덤이나 쇠꼬챙이가 감옥처럼 귀신을 잡아 두는
구실을 한다고 여긴 것이다.

75. 충청남도 청양군 정산면 덕산리 칠성고사. 2001.
   Deoksan-ri, Jeongsan-myeon, Cheongyang-gun, Chungcheongnam-do.

74. 충청남도 청양군 정산면 덕산리 터주 · 칠성고사. 2001.(pp.106-107)
   Deoksan-ri, Jeongsan-myeon, Cheongyang-gun, Chungcheongnam-do.

중부지역과 남부지역에서는 칠월칠석날 장독대에서 칠성고사를 올린다.
생명을 관장한다는 칠성신(七星神)과 터주신을 모시는 것인데,
장맛을 온전하게 해주고 집안이 무사태평하며, 재물이 많이 생기게
해 달라고 비는 것이다. 드물지만, 뒤란에 돌로 칠성단(七星壇)을
쌓아 놓고 제사를 모시는 곳도 있다.(도판 74-75)

76. 충청남도 청양군 정산면 상송리 천룡고사. 1982.
   Sangsong-ri, Jeongsan-myeon, Cheongyang-gun, Chungcheongnam-do.

중부지역에서는 타지역에 비해 천룡신을 더욱 정중히 모신다.
장독대 앞에 짚을 깔고 시루떡과 정화수·소금·쌀 등을 놓고,
촛불을 켜 놓고 제사를 올린다. 짚을 깔고 소금을 놓는 것은
부정을 막기 위함이다.

77-78. 충청남도 청양군 정산면 내초리 애동지 고사. 2001.(pp.110-111)
Naecho-ri, Jeongsan-myeon, Cheongyang-gun, Chungcheongnam-do.

음력 11월 초순에 드는 동지를 애동지라고 하는데, 중부지역에서는
이때 팥죽 대신 붉은 시루떡을 쪄 놓고 성주신과 터주신 혹은
장독대의 천룡신에 제사를 드린다. 모든 액운이 사라지게 하고
복을 불러들이자는 의미다. 붉은 팥 시루떡이나 수수떡을
해 먹는 게 보통인데, 팥이나 수수의 붉은색이 귀신을
쫓아 준다고 생각한 것이다.

79. 경기도 양평군 양서면 증동리 터줏가리. 2001.
  Jeungdong-ri, Yangseo-myeon, Yangpyeong-gun, Gyeonggi-do.

터주신을 모시는 풍습은 우리나라 어느 곳에서나 볼 수 있다.
주로 집 뒤란의 조용한 곳에 옹기단지를 반쯤 묻고 짚주저리를
덮어 신체를 표시한다. 그 안에는 대개 가을에 맨 먼저 추수한
쌀이나 벼·곡식 등을 넣어 두는데, 전라도 지역에서는 동전을
넣어 두기도 한다. 이는 풍농(豊農)을 기원하고 재산이 늘어
부자가 되게 해 달라는 의미가 있다. 평소에는 이곳에
접근을 금한다.

80. 충청남도 금산군 군북면 조정리 터줏가리. 1984.
   Jojeong-ri, Gunbuk-myeon, Geumsan-gun, Chungcheongnam-do.

터줏가리를 부르는 이름도 지역에 따라 조금씩 다르다.
전라도 지역에서는 '천룡' 혹은 '철룡단지', 경상도 지역에서는 '터줏독'
혹은 '터줏단지', 충청도 지역에서는 '터줏가리', 경북 영덕에서는
'터신단지', 그 밖에 일부 지역에서는 '지신단지'라 부르기도 했다.
그리고 지역에 따라서는 장독대 옆에 모시기도 한다. 짚주저리를 덮는
것은 터줏독을 보호하고, 빗물이 들어가지 않게 하기 위해서이다.

81. 경기도 양평군 강하면 성덕리 터줏가리. 1981.
   Seongdeok-ri, Gangha-myeon, Yangpyeong-gun, Gyeonggi-do.

터줏가리는, 대개 쌀단지를 땅에 묻는 것이 일반적이지만,
충북에서는 드물게 돌단을 쌓고 떡시루를 엎어 놓아 신체로 모시는
곳도 있다. 떡시루도 곡식과 관련이 있어 농사가 잘 되어야
떡을 해 먹을 수 있으니, 이 또한 풍년을 기원하는 의미를 가진
것이다. 단지에서 나온 헌 쌀은 떡을 해서 터줏가리에 바치고,
가족끼리 나누어 먹는다.

82. 경기도 양평군 개군면 상자포리 터줏가리 고사. 2001.
   Sangjapo-ri, Gaegun-myeon, Yangpyeong-gun, Gyeonggi-do.

83-84. 경기도 양평군 개군면 상자포리 터줏가리 고사. 2001.
Sangjapo-ri, Gaegun-myeon, Yangpyeong-gun, Gyeonggi-do.

가을에 추수가 끝나면 터줏단지를 다시 손본다. 헌 터줏가리를 걷어내고,
새 볏짚으로 짚주저리를 만들어 덮는다. 그리고 나서 신체 앞에 시루떡과
막걸리 혹은 정화수를 놓고 집안의 무사태평과 제마초복(除魔招福)을 빈다.
묵은 터줏가리는 강물에 띄워 보내거나 불에 태운다.(도판 82-84)

117

85-87. 경기도 파주시 광탄면 용미리 터줏가리와 업가리. 1986.(pp.118-119)
Yongmi-ri, Gwangtan-myeon, Paju-si, Gyeonggi-do.

지역에 따라서는 짚주저리로 덮은 단지 두 개를 나란히 놓아 두는 경우가 있다.
이는 집터를 관장하는 터줏가리와 집안의 재복(財福)을 관장하는 업가리를
함께 모셔 놓은 것으로, 보통 왼쪽에 터주신을, 오른쪽에 업신을 모신다.
둘 다 집안의 재복을 기원하는 의미를 담고 있다. 예로부터 집안에 들어온
구렁이나 족제비·두꺼비 등은 복을 주는 영물이라 여겨 보호해 왔는데,
업가리는 이들을 위해 만들어 놓은 일종의 피신처인 셈이다.
드물게 언덕의 감나무 아래 업가리를 여러 개 만들어 둔 것은 여러 짐승들을
다 수용하겠다는 욕심에서 만들어진 것이다. 그리고 터줏가리나 업가리에
한지를 걸어 두는 것은 신에게 예단을 바치는 것과 같은 의미다.

성주는 집(건물)의 신이다. 우리 선조들은 예로부터 새 집을 지으면
성주를 모시고 제사를 지냈다. 집을 잘 지켜 주고 복이 깃들게 해 달라는
바람에서였다. 성주신이 머무는 곳은 집에 따라 조금 다르긴 하나,
대들보 위 혹은 가운데 기둥에 한지나 실타래 혹은 흰 베 등을 붙여
표시하기도 했다. 중부지역이나 경북 등지에서는 큰 독에 쌀을 넣어
성주신으로 모시기도 했는데, 이를 성주독이라 했다. 이는 조상단지에
햅쌀을 보관하는 이치와 꼭같다. 그 해에 추수한 새 쌀을 성주신에게
바쳐 풍농과 가정의 만사형통을 빌었다.

88. 충청북도 옥천군 동이면 청마리 성주와 성주단지. 1979.
   Cheongma-ri, Dongi-myeon, Okcheon-gun, Chungcheongbuk-do.

89. 경기도 화성시 남양동 신외마을 성주와 성주단지. 1986.
   Sinoe village Namyang-dong, Hwaseong-si, Gyeonggi-do.
90. 경상북도 안동시 임하면 지례마을 성주와 용단지. 1979.(p.123)
   Jire village, Imha-myeon, Andong-si, Gyeongsangbuk-do.

 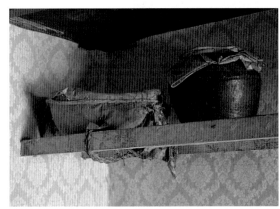

91. 경상북도 안동시 임하면 금소리 조상단지. 1985.(왼쪽 위)
    Geumso-ri, Imha-myeon, Andong-si, Gyeongsangbuk-do.
92. 전라북도 임실군 덕치면 천담마을 조상단지. 1991.(오른쪽 위)
    Cheondam village, Deokchi-myeon, Imsil-gun, Jeollabuk-do.
93. 충청북도 옥천군 동이면 청마리 조상단지. 1979.(왼쪽 아래)
    Cheongma-ri, Dongi-myeon, Okcheon-gun, Chungcheongbuk-do.
94. 경상북도 예천군 지보면 수월리 삼신바가지와 조상단지. 1986.(오른쪽 아래)
    Suwol-ri, Jibo-myeon, Yecheon-gun, Gyeongsangbuk-do.

95. 전라북도 임실군 덕치면 천담마을 조상단지. 1991.
　　Cheondam village, Deokchi-myeon, Imsil-gun, Jeollabuk-do.

예로부터 우리네 농가의 안방에는 조상단지를 모셔 두는 풍속이
있었다. 안방 빈 공간의 벽이나 모서리에 작은 선반을 만들고
그 위에 작은 옹기단지를 올려 두는데, 이 조상단지 안에는 그 해에
추수한 햅쌀 또는 오곡을 넣어 모신다. 조상을 숭배하는 의미에서
'조상단지', 불교적인 색채를 띠기 때문에 '세존단지', 자식이나 곡식의
생산을 기리는 의미에서 '삼신바가지', 제석신(帝釋神)을 섬기는
오가리(뚝배기)라고 하여 '제석오가리' 등 여러 이름으로 불린다.
이는 모두 농사가 잘 되고 가세가 번영하기를 바라는
염원에서 생긴 민간신앙이다.(도판 91-95)

96–97. 경기도 양평군 개군면 상자포리 제석항아리(왼쪽)와 용단지(오른쪽). 2000.
Sangjapo-ri, Gaegun-myeon, Yangpyeong-gun, Gyeonggi-do.

중부지역에서는 제석항아리나 용단지 위에 붉은 시루떡을 올려 놓고
제사를 지내는데, 이 또한 풍농을 기원하고, 잡귀나 잡신을 몰아내어
무병장수를 기원하는 의미가 담겨 있다.

98. 전라북도 부안군 위도면 진리 성주단지 차례상. 1985.
    Jin-ri, Wido-myeon, Buan-gun, Jeollabuk-do.

전북 위도에서는 성주단지를 윗방에 모셔 놓는다.
정월 초하루가 되면 제수를 마련하여 성주단지에 차례상을
차려 놓는데, 별도의 제를 지내거나 절은 하지 않는다.

100. 충청남도 태안군 안면읍 황도리 붕기풍어제. 1983.
    Hwangdo-ri, Anmyeon-eup, Taean-gun, Chungcheongnam-do.
99. 충청남도 부여군 은산면 은산리 은산별신제. 1995.(p.128)
    Eunsan-ri, Eunsan-myeon, Buyeo-gun, Chungcheongnam-do.

마을굿을 할 때도 옹기는 제물을 옮기는 용기로 신성하게 쓰여 왔다.
매년 정월 초이튿날부터 이틀간, 풍어(豊漁)와 마을의 안녕을 기원하고자
치르는 붕기풍어제에서는 마을 여인들이 정성스레 빚은 조라술을
옹기단지에 담아 당집으로 가져갔으며, 삼 년에 한 번씩 정월 중순경에
열흘간 열리는 은산별신제에서도 옹기항아리에 여러 가지 재물을
채워 굿당으로 가져가곤 했다.

101. 전라남도 화순군 한천면 한계리 한천마을 천룡굿. 1987.(p.131)
    Hancheon village, Hangye-ri, Hancheon-myeon, Hwasun-gun, Jeollanam-do.

102. 전라남도 담양군 금성면 원율리 대보름 지신밟기. 1982.(pp.132-133)
    Wonyul-ri, Geumseong-myeon, Damyang-gun, Jeollanam-do.

천룡은 천룡(天龍) 혹은 천룡(泉龍)에서 생긴 말인데,
모두 용신(龍神)을 모시는 민간신앙에서 비롯된 것이다.
특히 정월 대보름날엔, 당산제를 지내기 전에 마을을 돌면서
지신밟기와 천룡굿을 함께 하는데, 대개 농악대가 집집마다
마을을 돌아다니면서 풍물을 치며 진행한다.(도판 101-102)

독 짓는 풍경, 옹기를 굽다

The Scene of Building *Onggi*

여기에 실린 사진들은 2005년 경기도 여주군 금사면 이포리 '오부자가마'에서 촬영된 것이다.
The pictures printed here have been photographed
in 'Obuja Gama' located at Ipo-ri, Geumsa-myeon, Yeoju-gun, Gyeonggi-do in 2005.

103

104

105

103-105. 옹기를 만들기 위해서는 질(점토)과
물레 그리고 방망이 · 밑가새칼 · 도개 · 수래 · 근개 ·
목가새칼 · 물가죽 · 들보(들채) 등의 도구가 필요하다.
이러한 도구는 도구통에 담아 놓고 쓰는데, 도구의
재질이 나무로 되어 있어 벌어지는 것을 막기 위해
도구통에 물을 담아 그 속에 담가 두고 쓴다.
먼저 질 덩어리를 물레 위에 올려 놓고
방망이로 두들겨 판판하게 밑판을 만든다.

옛날에 옹기를 굽는 마을은 주로 강가나 해안지역
그리고 나무와 흙이 풍부한 곳에 모여 있었다.
이는 교통수단이 육로보다는 바닷길을 따라
배로 운반하는 것이 쉽고 안전했기 때문이다.
그리고 옹기를 만들기 위한 주재료인 흙과 땔감을
찾아 옮겨 다니기도 했다. 이러한 옹기점을
'점촌' '점등' '점마을' '독곳' 이라 불렀으며,
아직도 전국 곳곳에 남아 있다.

106

106-108. 밑판을 정해진 크기에 맞춰, 물레의
원심력을 이용해 밑가새칼로 잘라낸 후,
태렴한(가래떡처럼 만든) 질을 밑판 주위에
두르고 방망이로 판판하게 편다.

옹기를 만드는 곳을 '움' 또는 '독막' 이라고 하는데,
흙벽을 뒤에 두고 앞쪽은 나지막하게 만든, 반지하
구조의 토담집이다. 흙으로 지었기 때문에 외부와
내부의 기온차를 줄이고 습도도 조절할 수 있었다.
움막 한쪽에는 수비(水飛)된 생질을 쌓아 놓곤 하는데
이곳을 '토련장' 또는 '질바탕' 이라 부른다.

107

108

109

110

111

112

109-112. 밑판 주위에 두른 질을 이음새가 떨어지지 않도록 밑판에 손으로
눌러 붙여 준 후, 또 하나의 태렴한 질을 올려 놓고 손으로 눌러 이어 준다.
그 다음 바깥쪽은 수래를, 안쪽은 도개를 이용해 항아리의 기벽을 다진다.
이렇게 다져 주면, 질이 단단해지고 질 속에 남은 기포도 빠진다.

옹기를 만드는 데는 질(점토)이 가장 중요하다. 좋은 질은
차지고 작은 모래가 적당히 들어 있는 흙을 말하는데, 너무 차지면
그릇을 구울 때 깨지는 경우도 있다. 옹기를 만들기에 좋은 흙은
주로 논이나 밭이 있는 평지에서 얻을 수 있으며,
강이 바다로 흘러 들어가는 지점의 흙이 가장 좋다고 한다.

113-116. 앞에서와 같이 태렴한 질을 붙여 가면서 수래와 도개를 이용해
다듬는데, 이 작업은 항아리가 클수록 그만큼 여러 번 반복된다. 큰 항아리는
속이 깊어서 손으로 다듬는 작업에 제한을 받으므로, 밑에서 어느 정도
형태를 갖추면서 다듬어 올라가야 한다.

질(흙)을 구하는 것을 '질 얻는다'라고 말하며, 이러한 일을 하는 사람을
'생질꾼'이라 부른다. 이 질은 수비과정이나 깨끼질을 통해 불순물을
제거하고, 발로 밟거나 곤매질을 해서 점력을 높인 다음 옹기 흙으로 쓰이게
되는데, 1970년대 이후 산업화와 인력난이 가속화하면서부터는 대부분
토련기를 이용해 흙을 주무르게 되었다.

117

118

117-118. 전체 형태가 형성되면 항아리 입구에 테두리인 전(시욱)을 붙이고
물가죽을 이용해 매끄럽게 다듬어 준다.

옹기를 만드는 움에서는, 밝은 빛을 받도록 출입문 쪽에 물레질하기
적당한 높이로 땅을 파고 지면보다 낮게 물레를 설치한다.
주로 목(木)물레를 사용하며 물레 주위에는 앉을개와
여러 가지 도구들을 놓아 두고 쓴다.

140

119-120. 근개를 이용해 항아리의 기벽을 다듬는데, 이 과정에서 마지막으로 남은
이물질이나 작은 모래 알갱이 등이 제거된다. 이때 근개띠나 목질띠를 넣어 주기도
한다. 마지막으로 손잡이를 만들어 붙여 완성시키는데, 손잡이를 잡기 편하도록
붙이고자 하는 곳의 항아리 기벽을 손으로 살짝 눌러 준 후 손잡이를 붙인다.

항아리와 동이·자배기·시루 등에는 손잡이를 붙이는데, 이를 '꼭지 붙인다' 라고도
한다. 모양에 따라 경기도 지역에서 '넓적 손잡이' '지렁이 꼭지' 라 부르는 것이 있고,
전라도 지역에서는 '너벙꼭지' '타래꼭지' 라 부르는 것이 있다. 너벙꼭지는 주로
큰 항아리에 붙이고, 타래꼭지는 동이·시루·단지 등 항아리보다 작은 그릇에 붙인다.
무침그릇과 같은 것에는 꼭지 흉내만 내는 아주 작은 꼭지를 붙여 놓는데,
이를 '눈썹전' 이라 부른다.

121

122

121-124. 완성된 항아리 밑을 밑가새칼로
정리한 다음, 들보를 이용해 물레에서 떼어낸 후
건조장(송침)으로 옮긴다. 물레를 이용해
만들어진 날그릇은, 그늘지고 통풍이 잘 되게
만든 건조장에서 보통 한 가마 분량이 될 때까지
열흘 내지 보름 정도 말린다.

옹기점에는 옹기 제작기술을 배우며 허드렛일도
돕는 사람이 한둘 있기 마련인데, 이들을
'건아꾼' 이라 부른다. 이들은 주로 건조장에서
항아리를 옮기거나 가마에 집어넣을 장작을
나르는 일 등을 돕는다.

123

124

125

126

127

128

125-130. 잿물칸에 침전된 잿물(유약)을 잘 저어 준 후,
건조된 항아리에 잿물을 골고루 균일하게 입힌다.
잿물이 입혀진 항아리를 쳇다리 위에 올려 놓았다가
잿물기가 골고루 스며들면 내려놓는다. 그리고 잿물이
마르기 전에 손띠그림을 그린다. (pp.143-145)

의도적인 표현을 시도하는 다양한 현대공예의 기법과는
달리, 옹기에는 옹기만이 갖는 독특한 무늬가 독이나
항아리 표면에 나타난다. 정해진 형식이나 사고에 의한
그림이 아니라 단순한 손놀림에 의한 무늬인데,
이 작업을 '환을 친다'라고 하며, 이렇게 그려진 그림을
'손띠그림'이라 한다. 검지와 장지를 이용해
두 줄 파도를, 검지 하나로 초화(草花)를,
약지로는 반달문 같은 간단한 형태를 그린다.

129

143

131

131-132. 잿물 입히기가 끝난 날독들을 가마 안에 차곡차곡 채워
넣고 불 때기를 기다린다. 이것을 '옹기를 잼한다'고 한다.
잼할 때나 구워진 옹기를 꺼낼 때 드나드는 문을
혈문이라 한다. (pp.146-147)

가마는 야트막한 야산의 경사진 면을 이용하여 반지하 구조로
만들어진다. 어른 키 정도의 높이에 너비는 이삼 미터 정도이며
길이는 보통 삼사십 미터나 된다. 가마 바닥에는 보통
흙벽돌을 깔고 천장은 아치형을 이룬다.

134

133-135. 처음에는 약한 불로 서서히 열이
오르도록 하는데, 이를 '핌불'이라 한다.
핌불은 이틀 정도 때는데, 이렇게 하면
가마 안의 습기와 냉기를 서서히
제거하면서 화력을 돋울 수 있다.
핌불에는 삼사 년 말린 참나무를 쓴다.
나무가 타들어 가면서 불이 조금씩 세지기
시작하면 고무래를 이용해 장작불을
가마 속 깊숙이 밀어 넣는다. (pp.148-149)

135

가마는 구조나 형태에 따라
뺄불통가마(용가마 혹은 대포가마)·
조대불통가마·칸가마로 나누어지는데,
뺄불통가마는 앞과 뒤가 뻥 뚫려 있는
형태이고, 조대불통가마는 담뱃대처럼
'ㄱ'자 모양을 하고 있으며, 칸가마는
말 그대로 여러 개의 칸으로
나누어져 있는 가마이다.

136. 가마 안의 화력이 세질수록, 맨 앞의 창솔구멍부터 차례대로 불길이 번져 나온다.

가마 어깨에 여러 개 나 있는 작은 구멍을 창솔구멍이라 한다.
창솔구멍은 본래 핌불을 때는 이틀 중 하루 정도만 열어 놓고
그 다음은 막아 놓는데, 창솔구멍을 막아 둘 때는 뚜껑의 가장자리를
시루번을 붙이듯 흙을 붙여 완전히 막아 놓는다. 이렇게 창솔구멍을
막는 작업을 '흙 붙인다' 혹은 '창때기 막는다' 라고 한다.

137

137-138. 통소나무를 넣어 화력을 높인
후, 잡목을 태워 가면서 불의 세기를
유지해 준다. 이 불을 '돋움불' 또는
'대낌불(댕기는 불)' 이라 하는데,
보통 하루 정도 땐다. 이때는 창솔구멍을
닫아 둬야 하는데, '창불(창솔구멍으로
때는 불)' 땔 때를 대비하여 미리
창솔구멍을 살짝만 열어 놓고 가마 안의
불 세기를 주시하면서 이후 장작을
던져야 할 위치 등을 계획해 둔다.

옹기를 구울 때 불 때는 일을 맡아 하는
사람을 '불대장' 이라 하는데, 옹기점에서
가장 중요한 역할을 맡은 사람이다.
대부분 대를 이어 내려오는 일이어서,
옹기점의 가장 윗어른이 이 일을 맡는다.

138

139

140

139-141. 고무래로 장작불을 밀어 넣으면 점차 화력이 높아지면서 돋움불이 '큰불' 이 되는데, 이때 창솔구멍으로 항아리가 익어 가는 정도를 확인해 가면서 혈구(가마 앞부분의 입구)에 소나무 장작을 가득 채워 넣어 불의 세기를 최고조로 높인다. 이 불을 '녹일목(녹임불)' 이라고도 한다. 이때의 온도는 섭씨 1,000-1,200도 정도까지 이르게 된다. (pp.152-153)

돋움불에서 큰불까지는 열두 시간 정도가 걸리는데, 그 동안 혈구의 아랫부분을 흙벽돌을 쌓아 살짝 막아 놓는다. 큰불은 기물의 종류에 따라 때는 시간이 다르며, 보통 여덟 시간에서 열두 시간 정도 때고, 큰불을 땔 때쯤 가마 입구는 절반가량 막혀 있게 된다.

142

142-143. 창불을 땔 때쯤 혈구의 남은 구멍 삼십 퍼센트 정도를
더 막아 주고, 창불을 때기 시작하면서 혈구도 계속해서
막아 준다. 창불이 가마의 칠십 퍼센트 정도 올라갔을 때 혈구에
벽돌을 채우고 진흙을 이겨 발라 완전히 막은 후, 나머지 창불을
마저 땐다. (pp.154-155)

창불로 집어넣는 장작은 두 가지 종류로 준비하는데,
가마 벽 쪽으로 붙여서 아래로 집어넣는 장작은 짧은 것으로
준비하고, 이쪽 편에서 저쪽 편의 창솔구멍으로 넣는 장작은
긴 것으로 준비해 양쪽의 창솔구멍에 장작을
걸쳐 놓는 형태로 집어넣는다.

144-145. 창불을 마저 때면서 가마 뒷부분의 굴뚝 구멍을
흙벽돌을 쌓아 아래부터 막기 시작한다. 창불을 다 때고
나면 뒷부분의 굴뚝 구멍도 다 막아 버리고, 진흙을 이겨
발라 창솔구멍도 막아 준다. (pp.156-157)

진흙은 불에 구울수록 더욱 단단해지는 경화성(硬化性)과
내화성(耐火性)이 있다. 흙으로 만들어진 그릇을 가마에
넣고 섭씨 1,200도 이상의 고열을 가하면 다량의 탄소가
발생하는데, 이는 옹기의 기벽에 아주 작은 숨구멍을
만든다. 연료로 사용되는 나무가 가마 속에서 연소될 때
생기는 탄소와 연기(검댕이)는 가마 안에 들어 있는 옹기의
온몸을 휘감아 싸면서 입혀지는데, 이것은 옹기의 방부성을
더욱 높여 준다. 또한 옹기에 시유되는 잿물(유약)은 나무를
태우고 남은 재에 의해 가마 안에서의 검댕이와 동일한
작용을 하기 때문에 옹기의 방부성 효과는 더욱 높아진다.

146

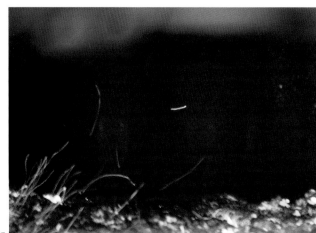

147

146-148. 가마 뒤쪽의 굴뚝 구멍까지
다 막고 나서 다시 앞에서부터 모든 구멍이
확실히 막혔는지 확인한다. (pp.158-159)

가마는 경사진 산비탈을 이용해 쌓는데,
경사가 급하거나 가마가 길수록 굴뚝의
필요성이 적어진다. 따라서 굴뚝을 만들지
않고 가마 뒤쪽에 적당한 크기의 구멍을
내어 굴뚝 역할을 하게 만들기도 한다.
가마가 빨리 달궈지려면
가마 바깥쪽으로부터 열을 가하여
안쪽으로 전해져야 하므로, 굴뚝 역할을
하는 구멍도 양쪽 가장자리를 크게 내고
안쪽은 이보다 작게 내서 열의 효율을
높인다. 한편 창불을 땔 때 넣는 장작을
미리 가마 뒤쪽의 굴뚝 구멍 앞에 놓아 두어
이 구멍으로 나오는 연기가 장작에
스며들게 하는데, 이러한 작업을
'나무 찐다'라고 하며 이 장작을 사용하면
나무가 더 잘 탄다.

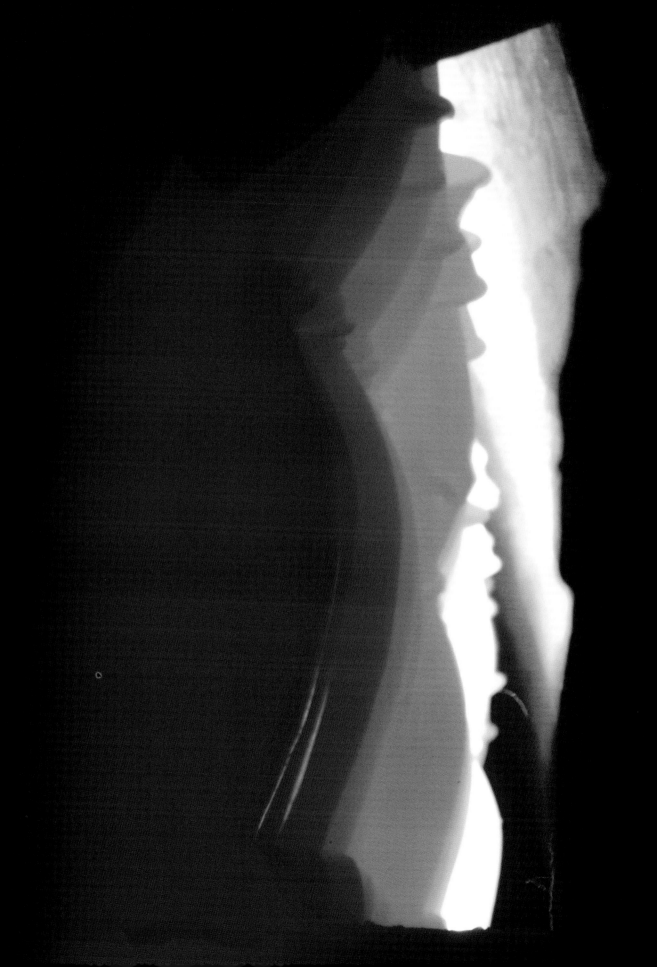

149

149-150. 혈구와 창솔구멍을 막고 가마가 식은 다음
일 주일 정도 후에 옹기를 꺼내는데, 우선 혈문을 열어
구워진 옹기를 확인한다.(pp.160-161)

151

151-153. 구워진 옹기를 꺼낸다. (pp.162-165)

처음 가마 안에 항아리를 잼할 때 혈구 앞쪽으로는 불막이
항아리라 하여 서너 개 정도를 놓는다. 이러한 항아리는
땅에 묻어 두고 사용하는 용도로 팔며 가격도 절반 정도
싸게 받는다. 불 바로 앞에 놓아 갑자기 센 불을 쬐면
항아리 기벽에 기포가 생겨 꽈리처럼 부풀어 오르기
때문이다. 잘 구워진 항아리는 두들겨 보면
쇠를 두드릴 때 나는 소리처럼 맑은 소리가 나며
색깔도 검고 윤기가 난다.

Onggi, Breathing Korean Pottery

A Summary

숨쉬는 항아리, 옹기

이영자

옹기와 한국인의 삶

배도식

Onggi, Breathing Korean Pottery

A Summary

Lee Young-ja

Director of the Onggi Folk Museum

In the history of Korean culture there exist distinctive types of ceramics, typical of each age, including brilliant jade-green celadon, pristine white porcelain, and unrestrained, simple *buncheongsagi* ceramics alongside *onggi,* the age-old earthenware used as utilitarian living vessel containing soy-sauce, soybean paste, thick soy paste mixed with red pepper, *gimchi,* and other fermented foods.

Generally speaking, ceramic ware is the broad word for all objects made of fired clay. This is a generic term for earthenware (or pottery in normal use) and porcelain, and *onggi* is a kind of earthenware. The development of earthenware has been primarily dependent on the enhancement of quality of life and historical background. During the hunter-gatherer period thousands of years before, comb-pattern pottery, plain pottery were produced. The Three Kingdoms era and the period of Southern and Northern Countries in Korea witnessed the development of exquisitely crafted Silla (新羅, 57 B.C.– 668 A.D.) and Gaya (伽倻, ?–562) earthenware. During the Goryeo (高麗, 918–1392) period a variety of big earthenware pots and small pottery wares, shaped after Goryeo celadon, were widely used and evolved into living utensils called *jilgreut* (unglazed pottery). This type of pottery during the Joseon (朝鮮, 1392–1910) period was reborn as the *onggi* that affects our living space and architectural beauty.

Onggi is commonly defined as *jilgreut* and *ojigreut.* In terms of the making method, this style of pottery is subdivided into various categories: unglazed blackish gray *jilgreut* that has a sooty smoke-stained effect, *puredok* produced by applying salts and ashes in the process of firing, glazed *onggi* produced by applying lye to the colored body, and glazed *ojigreut* produced by applying glaze to the colored body. Of these kinds of pottery, *jilgreut* has been most widely used in Korea.

Onggi is closely associated with Korean food culture. *Gimchi* and other fermented foods such as soybean sauce, soybean paste, hot pepper paste, vinegar, and brewed liquor are, along with *onggi,* the elements standing for Korean culture. The characteristics of *onggi* are such factors as food storage, good ventilation, consistent internal temperature, preservation from decay, and return to nature. Of these elements, one of the most significant particularities of *onggi* is food storage. The taste and freshness of the foods stored in *onggi* pottery is far better than those of the foods contained in plastic or stainless wares. That is why it helps ferment and preserve the foods by adjusting properly microbial activities.

As the body clay used for making *onggi* contains granules, it forms microscopic pores, when fired. The pores allow fresh air, microbes, and yeast fungi to go through and for a long period of time prevent stored foods from decaying by regulating its internal temperature and humidity. Its feature, excellent in insulation, also keeps hot waves or cold air staying outside.

The forefathers of the Korean people traditionally constructed kitchen, storeroom and outdoor *jangdokdae* (a soy-jar terrace) in a sunny backyard of the house. *Onggi* jars small and large were mostly placed in the terrace while some were kept in the kitchen and storeroom. They were widely used for various purposes. As demand for *onggi* was gradually on the rise, a variety of utilitarian living utensils came to be made. While blue celadon or white porcelain served a primarily ornamental purpose, *onggi* as living ware has been extensively exploited in everyday life. Its use was not initially set and thus its users themselves were able to decide that. There are many variations in the use of this pottery type: storage, transportation, production, everyday life, folk religion, musical instrument, and others.

The *onggi* pottery utilized for a dietary purpose is largely classified into the following: storage, production, and tableware. *Onggi* for food storage is to contain rice, water, *gimchi*, soybean sauce, soybean paste, hot pepper paste, and seeds. Whats typical of onggi for a manufacturing purpose encompasses *sojutgori* (distiller to make *soju*, Korean hard liquor), *tteoksiru* (traditional pot that is used to steam rice cakes), *sikcho byeong* (vinegar bottle), and *whakdok* (traditional jar for grinding the red pepper, garlic and barley). *Onggi* earthenware was also made for the use of tableware and kitchen utensils such as sot (pot in which to boil rice), *ttukbaegi* (earthenware bowl to boil broth), spice and seasoning pot, soy-sauce bottle, liquor bottle, spoon stand, kettle, and *punju* (shallow bowl).

Onggi is also diversely used in day-to-day life. Ancient oil lamp, water dropper, brush washer, and the like were made in *onggi*. And other kinds of living utensils such as brazier, ashtray, pencil vase, and even piss pot were also created in *onggi*. Other *onggi* pottery to carry water and human excretions has been called *dong-i, janggun* or especially *heobeok* in Jeju.

The *onggi* used for a religious purpose includes *eop danji, jowang danji*, and *seongju danji* that were all pots to contain newly cropped rice or unhusked rice grains for worshipping house spirits. Several medical-purpose *onggi* vessels encompass medicine boiling kettle, *buhwang danji* (*danji* refers to a jar), and medical urine jar that are representative of civilian-use medical instruments.

The representative *onggi* crafts found in dwelling culture are *yeontong* (a chimney) and *yeonga* (a chimney cap). The *yeontong* is a pipe through which smoke goes up into the air and the *yeonga* to which bird, turtle, and flower-shaped decorations are often attached is a chimney cap to protect the pipe from rain and snow.

According to the ancient bibliographical references of Korea, there were many kinds of *onggi* vessels called *dok*, *jungduri*, *hang-ari*, *siru*, *soraegi*, and *dong-i*, whose names are all quite similar to those of the present. It is known that the general public as well as the royal family showed much interest in preserving and developing this type of pottery. In particular, *onggi* is by no means irrelevant to our ancestors food culture and aspects of life.

As if history of Korea has unceasingly maintained for thousands of years, *onggi* keeps its own vitality tenaciously. Pottery culture in Korea that has developed as an inseparable part of daily human life embraces all sectors of commoners life extensively. Moreover, as shown in its surface design that unrestrictedly represents the distress and anguish of their lives, *onggi* pottery may be considered grassroots art incorporating aesthetic beauty into technical dexterity comprehensively.

The convenience of modern civilizations, causing the environment to be in serious devastation, has gradually deteriorated our dwelling and food culture. It is earnestly hoped that by preserving and evolving our *onggi* culture even in the age of rapid changes, Korean culture endured for almost five thousands years always remain vivacious and sound like a breathing vessel.

—Translated by You Soo-yeon

숨쉬는 항아리, 옹기

이영자(李英子)

옹기민속박물관장

1. 옹기를 말한다

한국에는 비취빛이 영롱한 고려청자(高麗靑瓷)와 순백의 미(美)를 자랑하는 백자(白瓷), 담백하고 자유분방한 분청사기(粉靑沙器) 등 한 시대를 대표하는 예술품으로서 아름답고 고운 도자기가 존재하고 있으며, 그 한켠에는 간장·된장·고추장·김치·젓갈 등 긴 역사 속에서 한국인 특유의 발효음식과 함께 생활용기의 역할을 해 온 옹기(甕器)가 있다.

흙으로 만들어 유약을 입혀 구운 그릇을 도자기(陶瓷器)라고 한다. 이는 도기(陶器)와 자기(瓷器)를 통칭하는 단어로 옹기는 도기에 속한다. 질그릇으로서의 '도기'라는 말은 현재 '토기(土器)'라는 말과 함께 쓰이고 있지만, 토기는 20세기에 들어와서 쓰이게 된 용어인 데 비해, 삼국시대부터 오늘에 이르기까지 널리 쓰인 말은 도기였다. '도(陶)'는 가마 안에서 질그릇을 굽는 형상을 문자화한 것으로, 도기는 도토(陶土)를 써서 가마 안에서 구운 그릇을 총칭하는 말이다. 즉 일반적으로 흙그릇을 지칭할 때에는 토기보다는 도기로 쓰는 것이 타당하다.[1] 따라서 도기는 청동기시대의 토기에서부터 조선시대 흑갈유 유약을 입힌 옹기에 이르기까지 더욱 포괄적인 문화로 재인식되어야 할 것이다.

도기문화는 각 시대의 역사적인 배경과 삶의 질에 따라 변화 발전해 왔다. 수천여 년 전 수렵시대에 강가에 꽂아 놓기 좋게 만든 빗살무늬토기와 민무늬토기에서, 삼국시대부터 남북국시대까지의 문화는 찬란한 신라도기와 가야도기를 만들어냈으며, 고려시대에는 귀족정치와 청자의 발달로 청자 모양을 본떠 만든 작은 그릇과 커다란 독 들이 다양한 형태로 만들어져 쓰이게 되었다. 질그릇이라 부르는 고려도기는 생활용기로 발전해 나갔고, 조선시대에 와서는 우리의 생활공간과 건축미까지도 바꿔 놓은 옹기로 거듭나게 되었다.

옹기가 생활용기로 사용되어 오면서 지금까지 남아 있는 독이나 항아리 등을 보면 그 강도나 빛깔에서 조금씩 차이가 나는데, 이는 옹기를 만드는 데 쓰이는 태토(胎土)나 유약(釉藥), 굽는 방법, 소성온도(燒成溫度)에 따라 달라지는 것이다. 먼저 흙은 그 성분에 따라 도기토(陶器土)와 자기토(磁器土)로 구분되며, 소성온도는 도기의 경우 섭씨 1,100-1,200도에서, 자기의 경우 섭씨 1,270-1,300도의 고온에서 구워진다. 그리고 흔히 옹기는 질그릇과 오지그릇의 총칭으로 정의되는데, 제작방법에 따라 좀 더 세분화해 보면, 유약을 입히지 않고 가마에서 구울 때 검은 연기가 그릇에 스며들게 하여 검은 회색을 띠게 만든 '질그릇', 질그릇과 비슷하게 검댕을 입히면서 소금을 뿌려 만든 '푸레독', 유색토(有色土, 질)에 잿물(유약)을 입혀 구운 '옹기'와 오짓물을 입혀 구운 '오지그릇' 등이 있다. 이 중 우리가 지금 가장 많이 사용하고 있는 것이 바로 유색토에 잿물을 입힌 옹기이다.

옹기라는 말은, 원래 '옹(甕)'이라는 한자에서 비롯되었지만 서민사회에서는 '옹그릇'이라는 말로 우리말처럼 쓰여 왔다. 옹기 공방에서 쓰이는 모든 용어도 순수 우리말인데, '옹그릇'을 한자화하여 '옹기(甕器)'로 부르게 된 듯하다. 한편 다른 한자로는 '도(陶)' '와(瓦)' 등으로 기록되기도 했으며, 우리 말로는 '질그릇' '독' 등으로 쓰였다.

2. 옹기의 특성

우리의 음식문화와 깊이 연관되어 있는 옹기의 특성으로, 저장성·통기성·보온성·방부성·자연환원성 등을 들 수 있다. 우리는 옹기 하면 장독·김칫독을 떠올리게 되고, 옹기에 담긴 음식물이 신선도나 맛에서 다른 그릇보다 월등함을 안다. 옹기에 담긴 음식물이 맛있는 이유는, 미생물의 활동을 조절해서 발효를 돕고 음식이 오래 보존되도록 하기 때문인데, 이는 즉 옹기가 숨을 쉬기 때문이다.

옹기는 고운 흙으로 만든 청자나 백자와는 달리 작은 알갱이가 섞여 있는 질(점토)로 만들어지는데, 가마에서 소성될 때 질이 녹으면서 미세한 구멍이 형성된다. 이 미세한 기공으로 공기·미생물·효모 등

이 통과할 수 있는 것이다. 뿐만 아니라 온도·습도 등도 흡수 조절할 수 있어서 발효식품을 썩지 않게 오랫동안 숙성 저장하는 데 가장 큰 장점을 지니고 있다. 한편, 옹기는 단열에도 뛰어나 여름철의 직사광선이나 겨울철의 한랭한 바깥 온도를 조절해 준다. 그리고 깨어진 옹기를 땅에 버려 두고 오랜 시간이 지나면, 파편으로 남지 않고 흙으로 다시 돌아갔다가 옹기로 다시 태어나게 되는데, 이것이 옹기의 자연환원적 특성이다.

3. 역사 속에 나타난 옹기

언제부터 옹기가 쓰였는지는 정확히 알 수 없지만, 삼국시대 이후 그릇을 만드는 기술이 발달하면서 토기는 점차 단단하고 가벼운 도기로 만들어졌고 음식물이나 곡식을 보관·저장할 수 있게 되었다. 고려와 조선시대를 거치면서 청자·분청사기·백자와 같은 새로운 도자기가 만들어졌지만, 일상생활에서는 여전히 옹기가 중요한 생활그릇으로 사용되었다. 청자나 백자는 가마터 발굴을 통해 어떤 기술로 제작되었고 어떤 형태와 문양으로 변화했는지 살펴볼 수 있으나, 도자사(陶瓷史) 발전과정에 중요한 한자리를 차지하는 옹기는 그 가치에 비해 관련 연구가 매우 뒤쳐져 있다. 여기에서는 문헌자료와 회화자료를 통해 옹기의 역사와 그 발전과정을 단편적으로나마 살펴보겠다.[2]

1. 문헌 속에 나타난 옹기

옹기와 관련된 우리나라의 문헌자료는 삼국시대로 거슬러올라가는데, 이때는 옹기에 관한 직접적인 묘사가 아니라, 발효음식의 언급을 통해 간접적으로 접근해 볼 수 있다. 먼저 『삼국사기(三國史記)』에는

다음과 같은 기록이 있다.

"가을에 곡식이 여물지 않았으므로 백성들에게 개인적으로 술 빚는 것을 금하였다.(十一年秋 穀不成 禁百姓私釀酒)"—『삼국사기』권 제23,「백제본기(百濟本記)」제1, '다루왕(多婁王) 11년' 조

"봄 2월에… 일길찬 김흠운의 딸을 부인으로 삼기로 하고… 폐백이 열다섯 수레, 쌀·술·기름·꿀·간장·된장·포·젓갈 등이 백서른다섯 수레, 벼가 백쉰 수레였다.(三年春二月… 納一吉湌 金欽運少女 爲夫人… 幣帛十五舉 米酒油蜜醬豉脯醢 一百三十舉 租一百五十車)"—『삼국사기』권 제8,「신라본기(新羅本記)」제8, '신문왕(神文王) 3년' 조

이것으로 보아 당시에 이미 술·장·젓갈 같은 발효음식을 만들어 먹었음을 알 수 있는데, 그렇다면 이를 저장하던 저장용기도 따로 있었음을 짐작할 수 있다.

고려시대의 문헌기록에는 '옹(甕)'이라는 말이 그 용도와 함께 서술되어 있다. 1124년 송나라 사신 서긍(徐兢)이 저술한 『고려도경(高麗圖經)』에는 물이나 음식·과일 등 더욱 다양한 저장용 도기의 사용 기록을 찾아볼 수 있다.

"수옹(水甕)은 도기이다. 넓은 배에 목은 오그라들었고 그 입은 약간 넓어, 높이는 육 척, 너비는 사 척 오 촌, 용량은 삼 석 이 승이다. 관사 안에서는 동옹(銅甕)을 사용하며, 산과 섬과 바닷길에서 배로 물을 실어 나를 때는 이것을 사용한다.(水甕陶器也 廣腹檢頸 其口差敵 高六尺 闊四尺五寸 容三石二升 館中用銅甕 惟山島海道以舟載水相遺則用之)"—『고려도경』권32,「기명(器皿)」3, '수옹(水甕)' 조

"왕성의 장랑에는 매 열 간마다 장막을 치고 불상을 설치해 놓았으며, 큰 독(大甕)에 멀건 죽을 담아 두고 국자를 놓아 왕래하는 사람이 마음대로 마시게 하되, 귀한 자나 천한 자를 가리지 않았다.(王成長廊 每十間 張帟幕說佛像 置大甕 貯白米漿 復有杯杓之屬 恣往來 之人飮之 無間貴賤)"—『고려도경』권23,「잡속(雜俗)」2, '시수(施水)' 조

"과실 중에 복숭아만한 밤이 있는데 맛이 달고 좋다. 옛 기록에 이르기를 여름에도 있다 하는데, 그 연고를 물으니, 도기(陶器)에 담아 땅 속에 묻어 두면 해를 넘겨도 상하지 않으며…."(基果實栗大如桃 甘美可愛 舊記謂夏月亦有之 問基故 乃盛以陶器 埋土中 故經歲不損)"—『고려도경』권23,「잡속」2, '토산(土産)' 조

조선시대로 넘어가면 문헌기록을 통해 보다 더 다양한 옹기의 모습을 접할 수 있는데, 먼저 1525년 성현(成俔)이 저술한 『용재총화(慵齋叢話)』에는 다음과 같은 기록이 있다.

"사람이 사용하는 것 중에 도기는 가장 긴요한 그릇이다. 지금 마포·노량진 등지에서 흙을 빚어 그릇 굽는 것을 업으로 삼고 있는데, 이는 모두 질그릇(瓦器)으로 항아리〔缸〕나 독〔甕〕 종류이다.(人之所用 陶器最緊 今麻浦露梁等處 皆以陶埴爲業 此皆瓦器缸甕之類)"—『용재총화』권10

여기서 언급된 '도기'와 '와기'는 유약을 바르지 않고 고온에서 구워진 질그릇으로 추정되며, 이 문

헌을 통해 이 시기에 옹기가 이미 서민들의 생활그릇으로 자리잡았음을 알 수 있다.

조선 후기의 문헌에서는 생활 속에서 사용되었던 옹기에 대한 기록을 찾아볼 수 있다. 1809년 빙허각(憑虛閣) 이씨(李氏)가 지은 『규합총서(閨閤叢書)』에는 음식과 관련하여 옹기가 사용되는 예들이 기록되어 있다.

"초는 장의 버금이니 집에 없지 못할 것이니, 사절의 초 본방(本方)은 병일 정화수 한 동이에 누룩가루 넉 되를 누르게 볶아 그 물에 섞어 오지항아리에 넣어 단단히 봉하여 두었다가 정일에 찹쌀 한 말을 씻고 또 씻어 더운 김을 그 항에 붓고, 복숭아 가지로 저어 두껍게 봉하여 볕바른 곳에 두면 초가 되느니라."—『규합총서』권1

또한 17세기 전반에 서유구(徐有榘)가 저술한 『임

1. 안악 3호분 동측실 북벽. 고구려 4세기 중엽.
황해남도 안악군 오국리.

원경제지(林圓經濟誌)』에는, 옹기의 명칭과 용도가 자세히 소개되어 있다.

"옹(甕): 도기 중에 가장 큰 것으로 일상생활에서 가장 많이 쓰이며, 장을 담그거나 소금을 저장하거나 김치를 담그는 데 사용된다. 이 그릇을 『자서(字書)』에서는 '옹(甕)' 또는 '앵(甖)'이라 한다.([甕] 陶器之最大者 亦日用之 最需者也 凡釀酒造醬 沈作葅 皆用此器 案字書甕甖也)"—『임원경제지』「섬용지(贍用志)」권2

"항아리 중에 작은 것을 듕두리라고 하는데, 듕두리는 방언이다. 큰 것은 십이삼 두의 물을, 작은 것은 오륙 두의 물을 담을 수 있다.[中圓伊, 甕之小者 俗呼中圓伊(듕두리)方言也 大者容水十二三斗 小者容水五六斗]"—『임원경제지』「섬용지」권2, '금화경찬기(金華耕讚記)'

또한 옹기보다 작은 것을 '듕두리(中圓伊)' '밧항이(田缸伊)'라 하고, 듕두리와 밧항이는 오자(烏瓷)로 만든 것이 가장 좋다고 하는데, 서유구가 말하는 '오자'는 오지의 다른 이름으로 생각된다. 남부지방에서는 옹기를 백토로 만드는데, 석간주(石間硃)에 물을 섞어 만든 유약을 발라 가마에서 구운 것을 오자라고 설명하고 있다. 이 자료는 옹기 유약에 관한 문헌기록으로 처음 나타나는 예이다.

이 외에도 조선 후기 1886년에 편찬된 『육전조례(六典條例)』에는 옹기를 관청에서 어떻게 관리했는지에 대해 기록되어 있다. 옹기를 관장하는 관청은 공조(工曹)에 속한 공야사(攻冶司)로, 기록에 의하면 공물의 대가는 각종 옹기의 종류에 따라 제작에 필요한 나무(땔감)의 양과 운반거리 등을 규정해 놓

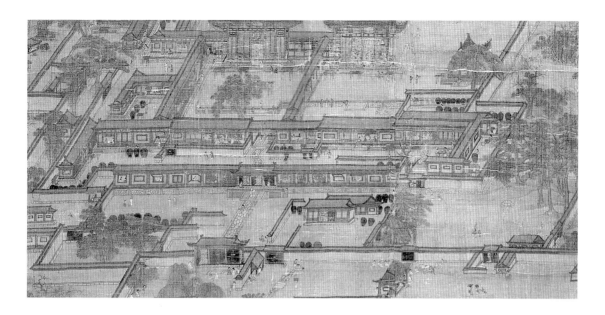

아 이에 따라 지급했다 한다. 또한 육장(肉醬)을 담
그는 데 사용되는 대옹은 정해진 수량에 따라 진배하
고, 봉상시(奉尙寺)에서 사용되는 대옹은 장창고
(醬庫)와 술창고(酒庫)에 각각 다섯 개씩, 삼 년에
한 번씩 진배하며, 삼군문(三軍門)에서 쓰는 수옹
(水甕)은 수시로 진배하도록 했다.

2. 회화 속에 나타난 옹기

옛 그림 속에 독·항아리·소래기·술병 등이 그
려져 있어 과거의 옹기의 모습을 살펴볼 수 있다는
것은 퍽 다행스러운 일이다. 그러나 이것도 18-19세
기 풍속화 이후의 그림이 대부분이어서 한계를 가지
고 있다.

먼저 고구려 고분벽화에 등장하는 옹기의 모습을
살펴보면, 안악 3호분 벽화에는 우물가 주변에 물을
담는 용도로 보이는 항아리와 자배기가 그려져 있
다.(도판 1) 삼국시대 초기에는 주로 도기를 사용했
는데, 이 벽화의 항아리와 자배기 역시 연질도기로
추정되며, 쓰임새나 형태는 지금의 옹기와 유사하지
만 이것을 옹기라고 단정할 수는 없다.

2. 작자미상 〈명종조궁중숭불도〉 조선 16세기 중엽.
호암미술관.(위)
3. 작자미상 〈서당〉(부분) 조선 후기. 국립중앙박물관.(아래)

177

4. 김준근〈독점〉
(『기산풍속도첩』)
조선 후기.

조선시대 회화작품에는 옹기가 나타난 예를 볼 수 있다. 먼저 16세기에 제작된 〈명종조궁중숭불도(明宗朝宮中崇佛圖)〉(도판 2)는 궁중에서 행해지는 불교행사를 그린 것으로, 마당에는 행사에 쓸 음식을 준비하기 위해 마련된 수십 개의 항아리와 자배기가 그려져 있다. 항아리의 형태는 어깨가 불룩한 것과 배가 불룩한 것이 있으며, 빛깔은 검은색이어서 고온으로 구워진 질그릇으로 생각된다.

좀더 다양한 옹기의 모습은 18-19세기에 그려진 풍속화에서 찾아볼 수 있다. 조선 후기 우리 선조들의 생활모습을 그대로 표현한 풍속화에는 많은 옹기들이 등장하고 있다. 그 중 가장 많이 볼 수 있는 것이 바로 장독대이다. 장독대는 회화 속에서 초가집 한켠에 놓여 있는 한두 개 항아리, 사대부 집안의 장독대 그리고 궁중 장독대인 염고(鹽庫)에 이르기까지 다양하게 나타난다. 장독대의 독을 보면 알겠지만 지금 우리가 쓰고 있는 독의 형태나 쓰임새와 별다른 점이 없다. 한 가지 주목되는 것은, 조선 후기에 그려진 작자 미상의 〈서당〉(도판 3)이라는 그림에 나타난 장독대 항아리를 자세히 보면 겉면에 문양이

그려져 있다는 것이다. 이 문양이 음각으로 새겨진 것인지 지금처럼 유약이 마르기 전에 그려 넣은 것인지 알 수는 없지만, 그 시대에 이미 옹기에 장식을 했음을 보여주는 좋은 예이다.

그러면 과연 풍속화에 그려진 옹기가 지금 우리가 사용하고 있는 옹기처럼 유약을 바른 갈색 빛의 옹기일까. 풍속화의 경우 옹기의 색깔이 회색이나 검은색·황색으로 표현되어 있지만, 이것만으로 유약 사용을 판단하기는 어렵다. 다행히 몇몇 가마터에서는 자기 파편과 함께 갈색 유약이 사용된 옹기파편이 발견되었다. 그 중 대전시 중구 정생동 백자 가마터에서 철화백자편(철화백자편)과 함께 유약이 사용된 옹기 파편이 발견되었는데 제작연대를 16세기 후반으로 추정하고 있다. 현재까지의 연구결과에 따르면 옹기에 유약을 사용한 상한연대가 16세기 후반이고 18세기부터 보편적으로 사용했다고 밝혀졌지만, 계속적인 발굴과 연구가 진행된다면 그 연대는 더 올라갈 수도 있을 것이다. 이 외에도 풍속화에서는 젓갈독과 물동이·자배기·막걸리병 등 화면 곳곳에서 다양한 옹기를 찾아볼 수 있다.

19세기에 활동한 기산(箕山) 김준근(金俊根)의 『기산풍속도첩』(1886)에는 〈독점〉(도판 4)과 〈독 만드는 사람〉(도판 5)이라는 그림이 실려 있다. 〈독점〉은 옹기를 만드는 작업장인 옹기점을 그린 것이다. 화면 오른쪽에 산등성이를 따라 긴 가마가 그려져 있다. 이 가마는 지금도 옹기점에서 사용하고 있는, 앞뒤가 뻥 뚫린 뺄불통가마로, 가마 앞에는 불 때는 일을 담당하는 불대장이 앉아 있다. 가마 옆에는 물레를 차면서 그릇의 형태를 만들고 있는 대장과, 옹기의 운반과 판매를 담당하는 사람이 지게를 세워 놓고 있는데 아마도 지게에 옹기를 싣고 골목을 누비며 팔던 옹기장수일 것이다. 이 한 장의 그림을 통해 19세기 옹기점에서 불대장·대장·옹기장수와 같은 작업의 분업화가 이루어졌음을 알 수 있다. 〈독 만드는 사람〉은 그릇을 만드는 대장의 작업모습을 그리고 있다. 오늘날의 옹기장이가 하는 것처럼 발

5. 김준근 〈독 만드는 사람〉(『기산풍속도첩』) 조선 후기.

로 물레는 차면서 도개와 수래를 가지고 커다란 독을 만들고 있는데, 독 안의 긴 줄은 커다란 독을 만들 때 질을 말리기 위해 숯을 넣은 부드레 장치이다. 이런 모습은 1960-70년대의 옹기점에서도 쉽게 볼 수 있었던 작업풍경이었다.

4. 옹기의 명칭과 종류

옹기는 질그릇과 오지그릇을 총칭하는 단어로, 한자로는 '甕' 또는 '瓮'이라고 쓰고 영문으로는 'Onggi'로 표기한다. '옹(瓮)'이라는 단어가 문헌에 처음으로 보이는 것은 『삼국유사(三國遺事)』이다. 즉, 「기이(紀異)」편 '혜공왕(惠恭王)'조에 "천구성이 동루 남쪽에 떨어졌는데, 그 머리가 독처럼 생겼고…(至二年丁未 又天拘墜於東樓南 頭如瓮)"라는 내용으로, 그릇으로서의 옹기를 언급한 것이 아니라 하늘에서 떨어진 유성의 크기를 항아리에 비유한 것이다.

조선 후기의 문헌인 『육전조례(六典條例)』의 「공(工)」전에는 국가에 상납되는 옹기의 이름이 다양하게 기록되어 있다. 먼저 옹기의 규모에 따라 대옹(大甕)·중옹(中甕)·소옹(小甕)으로 구분하였으며, 속칭 소래기로 불리는 그릇인 소라(所羅)도 규모에 따라 대소라·중소라·소소라로, 시루인 증(甑)도 대증·중증·소증으로 나누고 있다. 항아리(缸)는 넓은 항아리를 안항(安缸), 작은 항아리를 소항(小缸)으로 기록하고 있다. 동이를 동해(東海)로, 국왕이 사용하는 강심수(江心水)를 길어 올 때 사용하는 장군을 장본(長本)으로, 옹기솥은 소탕(所湯), 방문주(方文酒)를 담는 그릇은 방문리(方文里)로, 그리고 그 밖에 화로(火爐)·와등(瓦燈)·약탕관(藥湯罐) 등이 기록되어 있다.

6. 독. 운두가 높고 배가 부르며 키가 크다.

옹기는 기형에 따라 옹(甕)·항(缸)·호(壺)·앙
(瓮)·병(瓶) 등으로 분류된다.

'옹' 중에서 가장 큰 것은 '대옹(大甕)' 또는 '큰
독'이라 하고, '딜리골독'이라고도 부른다. 조선 후
기의 학자 이만영(李晚永)이 1798년에 저술한 『재물
보(才物譜)』에서는 '옹'은 '강(鋼)' '담(罎)' 또는
'항(缸)'이라 쓴다고 했다. 그리고 항아리는 '옹'보
다는 작은 크기로, '항(缸)'이라고도 쓰고 '호(壺)'
라고도 쓰나, 최세진(崔世珍)이 지은 『훈몽자회(訓
蒙字會)』에서는 항아리를 '담(壜 또는 罎)'이라 했
고, 조선 정조 때 편찬된 한자 자전인 『전운옥편(全
韻玉篇)』에서는 '장경앵(長頸罌)'이라 설명하면서
'부(瓿)'와 같다고 했다. 장경앵은 병과 유사하여 혼
동하기가 쉽다. 한편 물을 담아 두는 물독은 한자로
'수옹(水甕)'이라 하며, 높이가 120센티미터 정도
로 오지로 만들어진 것이 많다.

그 밖의 항아리 중에 특이한 것으로 부루단지·세
존단지·터주단지 등으로 불리는 것이 있는데, 지방
에 따라서는 '진동' 또는 '진둥항아리'라 부르며 씨
앗이나 돈을 담아 두는 민간신앙용으로 쓰인다. 이
항아리는 반드시 질그릇으로 굽는다.

'호'와 '병'은 유사하다. 『훈몽자회』에는 "키가
크면 '병'이고 목이 낮으면 '호'라 부른다(大曰瓶
小曰壺)"라고 했는데, 우리나라에서는 항아리를
'호'라고 표기하지는 않았다.

앙(瓮)은 동이로, '분(盆)'이라고도 부르며 '부
(缶)'와도 같은 의미이다. 작은 단지를 의미하는 '이
(瓵)'는 '구부(甌瓿)'라고 하며, 깊이가 깊은 동이
는 '강호(康瓠)'라 한다. 큰 형태의 동이로 항아리보
다 키가 작고 통통한 두멍이 있는데, 이는 지방에 따
라서 '드므'라 부르기도 한다. 북부지방의 두멍은
입이 점차 좁아지는 형태이고 남부지방의 것은 비교
적 입이 넓다.

나무 심는 그릇을 '목분(木盆)' 또는 '화분(花
盆)'이라 부르기도 하는데, 질그릇이 대부분이지만
오지로 만들기도 한다. 분의 높이가 낮아지면 같은

7. 항아리. 위아래가 좁고 배가 불룩하다.

'분'자를 쓰면서 '소래기'라 부른다. 한편 소래기 중
에는 세수대야로 쓰이는 '세수소래'라는 것이 있는
데, 세수소래는 북쪽지방에서 많이 사용했다. 옹배
기는 세수소래와 비슷하나 그보다 크고 내저(內底)
에 물고기나 여러 형태를 그려 넣어 물 담는 그릇의
흥취를 돋운 것이다. 옹배기와 같은 형태이나 그릇
의 안쪽에 밭이랑 모양의 선이 새겨진 것이 있는데,
이를 '쌀함박'이라 칭하며 쌀을 씻을 때 돌을 골라내
는 용도로 쓰인다.

'분'중에 '화분(火盆)'이나 '화발(火鉢)'로 쓰이
는 것이 있는데, 이는 '화로(火爐)'의 한 종류이다.
화로는 안압지에서 출토된 신라시대의 유물처럼 질
그릇으로 구워진 것도 있고 오지로 굽기도 했다.

'병'에는 입이 크고 목이 긴 '담병(膽甁)'과 술을
담는 '배호(背壺)', 장군을 일컫는 '장분(長盆)'등
이 있다. 『육전조례』 '공야사'조에는 한강 강심(江
心)의 맑은 물을 길어 '장본(長本, 장군)'스물석 좌
(坐)를 사용한다고 했다. 장군은 '장본(長本)'또는
'장본(張本)'으로 쓰고 '표호(俵壺)'라고도 불리
며, 물이나 술을 담거나 분뇨 등 거름을 담아 옮길 때
사용된다.

옹기의 이름은 그 역사만큼이나 용도에 따라 종류
도 다양하고 지역마다 특징있는 이름을 가지고 있
다. 살림 그릇으로 사용되는 옹기의 종류를 간단히
살펴보면, 운두가 높고 중배가 부르며 키가 큰 '독',
위아래가 좁고 배가 부른 '항아리', 독보다 조금 작
고 배가 부른 '중두리', 중두리보다 배가 부르고 키
가 작은 '바탱이'등이 있다. 그리고 굽 없는 접시 모
양의 넓은 그릇으로 독의 뚜껑으로도 쓰이는 '소래
기'(서래기·바래기), 둥글넓적하고 아가리가 쫙
벌어진 '자배기', 자배기보다 조금 크고 속이 깊은
'버치', 물을 길어 와 부어 놓고 쓰는 '두멍', 몸이 둥

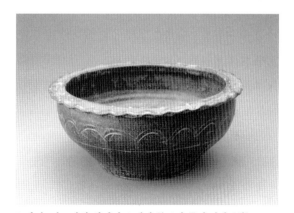

8. 단지. 자그마한 항아리로 배가 부르며 목이 짧다.(위)
9. 동이. 몸이 둥글고 아가리가 넓으며 양 옆에 손잡이가
달려 있다.(가운데)
10. 푼주. 아래는 좁고 위는 확 벌어져 있다.(아래)

글고 아가리가 넓으며 양 옆에 손잡이가 달려 있는
'동이', 아주 작은 자배기인 '옹자배기'(옹박지·옹
배기), 아래는 좁고 위는 확 벌어진 '푼주', 위가 좀
벌쭉하고 밑에 높직한 굽이 달려 있으며 양쪽에 손잡

11. 장군. 물이나 술·분뇨 등을 담아 운반하는 데 쓰인다.
(위 왼쪽)
12. 소줏고리. 동이의 밑쪽을 마주 붙이고 꼭지를 달아 소주를
내리게 만들었다.(위 오른쪽)
13. 두멍. 저장용으로 물을 길어 와 부어 놓고
사용했다.(가운데 왼쪽)
14. 귀때동이. 귀를 달아 물·술·분뇨 등을 따르는 데
편리하도록 만들었다.(가운데 오른쪽)
15. 허벅. 물이 귀한 제주도에서 물을 길어
운반하는 데 쓰인다.(아래)

이가 달려 있는 '소라' (식소라) 등은 항아리보다 낮고 넓은 형태의 옹기들이다. 또한 귀가 달린 그릇인 '귀때동이', 동이보다 배가 부른 '동방구리', 자그마한 항아리로 배가 부르고 목이 짧은 '단지', 동이의 밑쪽을 마주 붙이고 꼭지를 달아 소주를 내리게 만든 '소줏고리', 간장·기름 등을 병에 옮겨 부을 때 쓰는 '귀때', 아주 작은 단지를 두 개에서 다섯 개 정도를 붙여 손잡이를 붙인 '양념단지' 등도 있다. 이 외에도 장군·시루·촛병·확·확독·굴뚝·떡살 등 생활에 필요했던 모든 것들이 옹기로 만들어져 사용되었다. 또한 알방구리·알항아리·알백이·방구리·썰단지·청단지·중단지·방퉁이·동우방퉁이·꼬맥이·맛탱이·전달이·물버지기·멍챙이·삼중단지·소락지·불백이 등 다소 촌스럽지

만 구수하고 익살스러운 옹기의 이름이 지역에 따라 불리고 있다.

5. 옹기의 쓰임새

임진왜란 이후 수많은 도공들이 그들의 의지와는 관계없이 일본으로 건너갔고, 그들은 일본에 새로운 도기문화를 꽃피웠다. 이러한 도자기들은 중국의 자기와 겨루면서 유럽에 도자기 상권을 장악하면서 일본경제에 커다란 부흥을 가져오게 된다. 이 무렵 조선에서는 밥을 담아 먹는 하얀 막사발과 함께 질그릇에 흑갈유의 잿물을 입힌, 생활용기로서의 옹기가 본격적으로 사용되기 시작했다.

보통 옹기 하면 장독대 위에 놓인 큰 독이나 항아

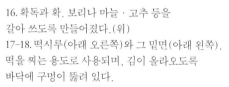

16. 확독과 확. 보리나 마늘·고추 등을
갈아 쓰도록 만들어졌다.(위)
17-18. 떡시루(아래 오른쪽)와 그 밑면(아래 왼쪽).
떡을 찌는 용도로 사용되며, 김이 올라오도록
바닥에 구멍이 뚫려 있다.

리·단지 정도를 떠올리게 되는데 결코 그렇지만은 않다. 박물관 등에 소장된 유물을 보면 그 종류가 이백오십여 종에 이르는데, 다양한 종류의 생활용기들이 만들어져 쓰여 왔음을 알 수 있다.

본래 옹기는 그 쓰임새를 정해 놓고 만들었다기보다는, 사용하는 사람에 따라 다르게 쓰였다. 청자나 백자는 장식적인 그릇인 반면 옹기는 어느 정도 용도를 감안하여 실생활에 맞게 만든 실용적인 그릇이었다. 주거 공간의 배치에 따라 옹기는 부엌·곳간·장독대 등에 놓이는데, 대개 쓰임새가 그 놓여진 공간의 용도와 일치하게 된다. 옹기를 쓰임새에 따라 나누어 보면 보관용(저장용)·운반용·제조용·생활용·민간신앙용 등으로 나눠 생각해 볼 수 있다.

보관용(저장용)─옹기는 발효식품을 저장해 두는 식생활 용기로, 그리고 농경사회에서 곡식이나 씨앗을 보관하는 용기로 적합했다. 이러한 보관용 옹기로는, 간장·된장·고추장 등의 장류를 비롯하여 여러 종류의 김치를 저장하는 데 필요한 항아리 그리고 쌀독·물독·씨앗단지 등이 있으며, 이 외에 양념을 담던 양념단지, 그리고 간장병·술병·수저통·주전자·푼주 등이 있다.

운반용─옹기는 집 안에서 밖으로, 또는 집 밖에서 안으로 무언가를 운반할 때에도 필요했다. 이런 옹기에는 우물에서 물을 길어 와 나르던 동이나 술을 담아 운반했던 술병, 물이나 술·분뇨 등을 담아 운반했던 장군 등이 있는데, 장군은 그 내용물에 따라 물장군·술장군·오줌장군·똥장군으로 불린다. 특이한 것으로, 물이 귀한 제주도에서 물을 길어 운반했던 허벅이 있다.

제조용─옹기는 주로 음식을 만드는 데 쓰였으나 간혹 의료용으로 사용된 것도 있다. 음식을 만들 때 사용되는 용기로 대표적인 것은 떡을 찔 때 사용되는 떡시루, 소주를 내릴 때 쓰는 소줏고리, 콩나물을 길렀던 콩나물시루, 식초를 만들어 담는 식초병, 마늘이나 고추를 갈던 확과 확독 등이 있다. 이 밖에 밥이나 국을 끓이던 옹기솥과 뚝배기, 새우나 멸치 등 어패류의 살이나 내장을 담아 발효시키는 젓갈독 등이 있다. 의료용으로는 한약을 달이던 약탕기, 부황을 뜰 때 사용하던 부황단지가 있으며, 뜸돌·약연 등도 있다. 민간요법으로 사용하던 용기로 재미있는 것은 약뇨병(藥尿瓶)이라는 것이 있는데, 몸이 붓거나 멍이 들었을 때 오줌을 약으로 만들어 복용하기 위해 오줌물을 채취하던 용기이다.

일상용─불을 밝히는 등잔과 호롱, 방 안에서 사용했던 연적·필세(筆洗)·필통·재떨이·화로·요강·다리미받침 등이 있으며, 집 처마 밑에 세워진 굴뚝의 연통과 연가(煙家)는 한층 멋을 부려 만들어졌다.

민간신앙용─옹기는 집안을 지키는 가신(家神)을 모시는 데 사용되기도 했다. 성주단지는 집안의 가신으로 집을 지켜 주는 성주를 모시며, 조상단지는 종가집에서 조상신을 모셔 놓기 위해 사용했던 단지이다. 업단지는 재산운을 관장하는 업을 모시던 단지로 쌀이나 뱀·두꺼비 등을 신으로 믿었다. 이 밖에도 풍년을 기원하며 농업신을 모신 용(龍)단지나 사람의 수명을 관장하는 칠성신(七星神)을 위해 장독대에 정화수를 올려 놓고 식구들의 건강을 기원하던 칠성단지 등도 있다.

5. 옹기의 문양

작가의 의도적인 표현을 시도하는 다양한 현대공예의 기법과는 달리, 옹기에 나타난 문양들은 작품을 만드는 과정이나 재료의 특성을 살린 시유방법과 다양한 점토를 이용한 옹기만의 미(美)를 갖고 있다. 이는 어떤 형식이나 사고에 의해 그려진 그림이 아닌 단순한 손놀림을 이용해서 생긴 문양인데, 이러한 작업을 흔히 '환을 친다' 라고 말한다.

1. 손가락 그림 1: 마음대로 무늬

손가락 그림은 기물을 만들고 잿물(유약)을 입힌 후 잿물이 마르기 전에 손가락을 이용해서 그림을 그려 넣는 방법으로 표현된 그림을 말한다. 이는 옹기에 그려지는 가장 대표적이고 특색있는 방법으로, 그 내용은 꽃과 동물·산 등 자연을 소재로 한 것들이 많다. 이 중 어떤 물체의 형태를 그대로 본떠 그린 그림과는 달리 옹기 장인이 손가락이 가는 대로 그리는 문양들이 있는데, 대나무잎문·활문·산문·물결문·용수철문 등이 대표적이다.

대나무잎문(竹葉文)─손자국으로 대나무잎을 힘차게 나타낸 것으로, 옹기 문양 중 가장 단순하다고 할 수 있다. 큰 항아리보다는 작은 동이나 단지에 많이 그려지는데, 주로 엄지나 검지손가락을 이용하며 일렬로 나열하여 한 줄에서 석 줄 정도의 문양이 같이 나타난다. 활형문과 거의 비슷하지만 대나무잎문이 직선에 더 가깝다.

활형문(弧形文)─원의 일부분 즉 활 모양을 하고 있어서 붙여진 이름으로, 곡선의 중간부분이 배가 나온 형태를 하고 있다. 주로 항아리의 몸통 중간이

나 뚜껑에 많이 나타나는데, 한 개 또는 여러 개의 선으로 그려진다. 이 문양은 닭의 꼬리와 비슷하다 하여 '닭꼬리문' 혹은 '반달문' 이라 불리기도 한다.

산형문(山形文)─산이 지니는 부드러운 선의 형태를 닮았다 하여 이름 붙여진 이 문양은, 곡선의 배가 위로 향해 있으며, 파곡선문(波谷線文) 또는 n형문으로 불리기도 한다. 대체로 큰 항아리의 몸체 중앙이나 어깨부분에 많이 그려지는데, 손가락의 검지와 중지를 이용해 한 개 또는 두 개 이상의 선으로 표현된다. 산문은 단독으로 그려지기도 하며, 항아리의 어깨부분에 그려질 때 두세 줄의 목질띠나 근개띠 사이에 그려지기도 한다.

물결문─물결 모습을 한 문양을 말하는데, 곡선의 배가 아래로 향한 것이나 구불구불한 모양, 직선으로 이루어진 지그재그 문양을 포함한다. 곡선의 배가 아래로 향해 산문을 뒤집어 놓은 것 같은 문양은 '파도문(波濤文)', 위 아래로 구불구불한 것은 '파상문(波狀文)', 직선으로 물결을 이루는 것은 '지그재그문' 이라 불린다.

용수철문(龍鬚鐵文)─용수철 모양을 닮았다 하여 붙여진 이름이다. 넝쿨처럼 오래오래 살라는 의미를 표현한 것으로 어떤 이들은 이를 '덩굴문' 이라고도 한다. 주로 큰 항아리에 많이 그려지는데, 만들어지는 과정 중에 음각으로 새기는 경우도 있으나 잿물을 바른 후에 그려지는 것이 대부분이다. 항아리의 전면에 자유로우면서도 율동감있게 그려져 시원한 느낌을 주며, 곡선의 용수철과 둥근 항아리의 형태가 서로 조화를 이룬다.

2. 손가락 그림 2 : 본뜬 무늬

손가락으로 그려진 문양 중 어떤 특정 물체의 형태를 본떠 그린 그림들이 있는데, 대표적인 것이 풀꽃문·구름문·동물문·글자문·도형문 등이다.

풀꽃문(草花文)—항아리에 그려지는 대표적인 그림 중의 하나로, 풀과 꽃 모양을 표현했으며 주로 대칭으로 그려져 전체적으로 안정된 느낌을 준다. 대칭 풀꽃문의 경우 양손을 이용하여 그리는데, 대부분 잿물이 마르기 전에 손으로 그린다. 풀꽃문 사이에 곡식알을 상징하는 타원형이 같이 그려져 있는 문양이 있는데, 이를 '곡식문' 이라 한다.

19. 풀꽃문. 풀과 꽃 모양을 표현했으며, 대칭적으로 그려져 전체적으로 안정된 느낌을 준다.

구름문(雲文)—구름의 이미지를 닮았다 하여 이름 붙여진 문양으로, 주로 항아리의 어깨부분부터 중간부분에 걸쳐 나타난다. 잿물이 마르기 전에 순식간에 단순한 선을 그리는데, 단숨에 이러한 그림을 그려 표현해내는 일은 숙달된 장인에 의해 이루어진다. 어떤 규칙이나 형식이 뚜렷이 없어 도식화하거나 유형을 정리하기도 곤란하지만, 손 가는 대로 자유로이 그려져 구름처럼 흘러가고픈 자유분방함을 느끼게 한다.

동물문(動物文)—여러 동물의 형상을 표현한 문양으로, 물고기·새·나비·게·두꺼비·거북 등 그 종류와 의미가 다양하다. 자연과의 어우러짐·자유스러움을 상징하는 새 문양은 새의 형상을 그대로 그린 것이 아니라 새의 이미지를 닮은 모양을 표현해 놓은 것이 많다. 자연물의 하나로 표현된 나비는 전통문양에서 장수(長壽)를 상징하는 것으로 해석되며, 단독으로 그려진 것보다는 주로 꽃이나 풀과 같이 그려져 한 폭의 그림을 보는 듯하다. 물고기 문양은 주로 민화(民畵)에서 많이 볼 수 있는 형태로, 다산(多産)이나 출세·부(富)의 상징으로 많이 그려져 왔다. 물고기 문양은 잿물을 바른 후 손가락으로 그리거나, 성형시 도구를 이용해 새기기도 했으며, 양손을 항아리 안쪽과 바깥쪽에서 동시에 잡고 손놀림(양손띠)으로 그려 넣기도 했다.

글자문(文字文)—옹기에 나타난 글자는 손가락 그림이 아니라 잿물이 마른 후에 새겨 넣은 것으로, 주로 필요와 용도에 따른 각인(刻印)이 많다. 주로 가정의 부귀와 장수를 기원하는 의미의 복(福)·수(壽)·희(囍) 등을 많이 썼고, 옹기를 만든 장인의 이름이나 지역, 주문한 사람의 이름을 쓰기도 했다.

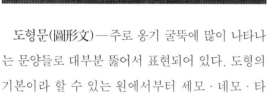

20. 산형문. 산이 지니는 부드러운 선의 형태를 표현했으며, 검지와 중지를 이용해 한 개 또는 두 개 이상의 선으로 표현한다.(위 왼쪽)

21. 대나무잎문. 손자국으로 대나무잎을 힘차게 나타낸 것으로, 큰 항아리보다는 작은 동이나 단지에 많이 그려진다.(아래)

22. 띠문. 물기가 많은 질을 이용해 양각으로 붙인 목질띠, 근개를 이용해 선을 그어 표현한 근개띠, 도구나 손가락을 이용해 눌러서 장식한 누름띠 등이 함께 표현되어 있다. (위 오른쪽)

도형문(圖形文)—주로 옹기 굴뚝에 많이 나타나는 문양들로 대부분 뚫어서 표현되어 있다. 도형의 기본이라 할 수 있는 원에서부터 세모·네모·타원·반원 등 그 모습도 다양하다.

3. 띠문

항아리에는 띠를 이루면서 몸체를 한 바퀴 둘러 표현된 문양들이 많이 나타난다. 이러한 띠문양들은 표현방법이 여러 가지인데, 크게 근개띠·목질띠·누름띠·양손띠·꽃잎띠 등으로 나누어 볼 수 있다. 띠문양은 항아리의 어깨부분에 많이 나타나며 잿물을 바르기 이전, 즉 만들어지는 과정에서 작업하는 것이 대부분이다. 근개띠나 누름띠·양손띠는 음각 또는 양각으로 표현되며, 목질띠나 꽃잎띠는 항아리 기벽에 덧대어 붙여지는 방식으로 표현된다.

근개띠—옹기를 만드는 도구인 근개의 모서리 부

분을 이용해 주로 어깨부분에 가느다란 음각선으로 표현되는데, 전과 평행한 직선형이 대부분이며 물결문양으로 나타나기도 한다. 근개띠나 목질띠는 거의 모든 항아리에서 볼 수 있는데, 항아리 뚜껑을 덮었을 때 항아리가 외소해 보이지 않고 둥그스름해 보이도록 하기 위해 넣기도 한다.

목질띠—목질띠는 물기가 많은 질을 검지와 중지 사이에 끼워 띠줄을 붙인 후 물가죽으로 다듬어 만드는 것을 말한다. 그냥 띠만을 두른 것도 있고, 이 띠 위에 손톱이나 물가죽을 접어 일정한 간격으로 눌러 표현한 것도 있다. 이렇게 목질띠 위를 눌러 표현한 것을 '톱니문'이라고 한다. 전라도 항아리에는 아랫부분에 이 목질띠를 한 줄 붙여 놓은 것이 많은데, 이는 항아리가 지면 위에 놓였을 때 잘 안 보이는 밑부분을 가늠할 수 있게 해주고, 더 불룩해 보이도록 하기 위한 시각적 효과를 주기 위해서라고 한다.

누름띠—도구나 손가락 끝으로 일정한 간격을 두고 눌러 장식하는 것으로, 주로 항아리의 어깨부분에 나타난다. 근개 끝의 뾰족한 부분을 이용해 삼각형 문양의 띠가 둘리거나 손가락의 끝으로 눌러 둥글게 나타나는 것도 있고, 꽃 문양의 도장을 이용해 표현하기도 한다. 누름띠는 단독으로 나타나기보다는 두세 줄 이상의 근개띠나 목질띠의 사이에 표현되는 것이 많다.

양손띠—일반적으로 '손띠' 라고 부르는데, 작업 과정은 왼손의 엄지손가락을 구부려서 손가락 등부분으로 안쪽 벽을 누르고, 바깥벽은 오른손의 엄지와 검지를 이용하거나 얇은 물가죽을 벽에 대어 양쪽에서 선을 맞잡아 물레를 회전시켜 나타낸다.

꽃잎띠—그릇의 구연부나 몸통에 장식되어 있는 이 문양은, 마치 꽃잎을 두른 것 같다고 해서 붙여진 이름이다. 큰 항아리보다는 중간형의 단지나 연가·수저통·화분 등의 소품에서 많이 보인다.

제작기법이 독특한 문양으로 꽃잎이나 나뭇잎·풀잎 등을 이용해 표현하는 문양들이 있는데, 이는 항아리를 만든 후 표면에 잎을 붙였다가 잿물이 마른 후 떼어내 구워냈을 때 자국이 남게 하는 방법이다. 쑥잎을 붙였다가 떼어내는 것이 많고, 여러 가지 잎을 이용해 꽃이나 나비 등의 문양을 만들어 표현하는 경우도 있다. 이 외에도 옹기 제작 도구인 도개를 이용한 도개문, 천주교인들의 신앙심을 표현한 십자 문양, 도깨비의 얼굴을 나타낸 문양, 봉황문, 성(性) 신앙을 표현한 문양 등 다양하고 특색있는 문양들이 많이 나타난다.

7. 옹기의 문화적 가치

도기는 생활용품으로 등장하기 시작했으나 다양한 문양과 장식·장송의례(葬送儀禮)·토우(土偶) 등 예술성을 가미해 그 질박함과 함께 고대인들의 삶과 해학의 여유를 엿볼 수 있다. 이는 수천 년의 세월 속에 많은 문화유산을 우리에게 안겨 주었다.

1. 인류 문화유산으로서의
고고학적 미술사적 가치

선사시대 토기에서 수렵과 농경문화를 엿볼 수 있으며 빗살무늬 장식을 통해 생선뼈를 활용한 도구의 사용과 단순한 선의 흐름을 알아낼 수 있다.

미술사적 측면에서 볼 때, 신라와 가야도기의 경우는 비실용적 의기적(義器的) 신앙적 용도로 만들어진 것이 대부분인데, 솔직하고 소박하면서도 뛰어난 조형미를 갖추어 그 특유의 형태와 장식·미감으로 원숙미를 느낄 수 있게 한다. 그러한 반면 고구려의 엷은 회흑색 질그릇은 형태나 색을 통해 견고하고 조용한 느낌을 갖게 한다. 이는 청동기시대 무문토기에서부터 삼국시대와 고려시대의 도기로 계승되고 후에 조선시대 옹기에까지 이르게 된다.

고고학적 가치로의 매장문화 유물은 도기만이 갖는 흙의 우수함을 알려 주는 좋은 사례일 것이다. 세골장(洗骨葬)은 동남아시아에서 널리 유행했던 풍습으로 조선시대 유교문화에까지 이르렀다. 영혼의 안식처로 평생 주인과 함께 해 온 유물들은 고스란히 매장되었던 것이다. 석기시대 이래 오늘에 이르기까지 사람들은 유해(遺骸)를 매장함에 있어 피장자(被葬者)와 관련된 물건을 부장하는데, 이 고분유물은 당시의 사람들이 의식적으로 선택하여 부장한 것으로서 이를 통해 사람들의 의식변화를 알 수 있게 된다. 특히 도기의 경우 일반인들이 제작한 것이 아니라 당시의 장인들에 의해 그들만의 기술과 예술적 감성으로 만들었기 때문에, 당시 사회의 조직이나 체계를 짐작할 수 있을 뿐 아니라 당시 사람들의 삶의 일부분을 살펴볼 수 있는 것이다. 예를 들면 옹관의 사용이나 제사용 그릇, 의식용 토기를 통해 당시 사람들의 삶과 죽음에 대한 인식과 장송의례 등을 알수 있게 된다.

발굴작업을 통한 도기그릇의 출현은 반가운 일이 아닐 수 없다. 수천 년을 흙 속에서 간직한 그 투박한 자태는 만져 볼 수도 없고 닦아낼 필요도 없어 눈길로만 닦아 주어야 할 소중한 문화유산이다.

2. 식문화(食文化) 발전상의 가치

원시인들이 강가에서 수렵을 하며 도기를 만들어 모래 위에 꽂아 놓고 썼던 것을 시작으로 농경사회에 접어들어 정착을 하면서 많은 도기를 만들어 쓰게 되었다. 더욱이 저장과 운반 등에 도기가 필요하게 되었다. 처음에는 수옹(水甕)으로 많이 쓰였는데 지금도 동남아시아 곳곳에 커다란 수옹이 많이 남아 있음을 볼 수 있다.

음식의 조리법, 발효식품의 발전과 함께 더욱더 다양한 형태의 도기들을 볼 수 있게 되었다. 간장·된장·고추장·술·젓갈·식초 등의 고유한 우리의 음식문화가 더 많은 도기의 발전을 가져온 것이다. 문헌상의 기록을 찾아보면, 앞서도 언급한 것과 같이 『삼국사기』『선화봉사고려도경』『용재총화』『세종실록지리지』『임원경제지』 등의 여러 문헌을 통해 도기의 사용 모습을 알 수 있다.

이처럼 도기 또는 옹기는 다양한 식문화를 낳았고 또한 음식문화와 공존하면서 지금까지도 이어져 내려오고 있다.

3. 주거공간의 구성과 건축미의 조형성

식문화의 발달로 도기는 커다란 공간을 점유하게 되었다. 부엌이나 곳간·장독대가 바로 그곳이다. 집을 지을 때도 광·마루·안방·건넌방·부엌을 넣어야만 했고, 부엌 뒷곁의 양지바른 곳엔 으레 장독대가 있기 마련이었다. 커다란 궁궐이나 아흔아홉 칸 사대부집, 그리고 초가삼간에 이르기까지 장독대는 부엌 뒷곁 양지바른 곳에 그리 높지 않은 기단석을 쌓고 주위를 정갈하게 정리하고 낮은 담을 쳐서 키재기라도 하듯 나란히 항아리들을 놓아 두었다.

또한 이러한 공간들은 한국 고건축의 미를 한껏 살려 주고 있다. 동선의 넉넉함 그리고 기교 부리지 않고 뽐내지 않는 실용성, 이러한 자연스러운 건축의 조형미가 우리 도기의 열정이 아닐까 한다.

4. 노동력의 집중화와 도공(陶工) 양산

식문화와 주거문화의 발달로, 그리고 생산력 증대의 필요성에 따라 노동인력이 필요하게 되었다. 노동력의 공유로 가족의 승계나 여인들의 참여까지도 요구하게 되었으며, 대물림을 하는 기술전승이 옹기장의 계보를 갖게 했다. 자연스럽게 아름다운 집단 촌락을 이루어 살게 되었으며, 점촌·점등·독곳 등의 이름은 지금까지도 남아 있어 옛 도기마을의 유명세를 알려 주는 좋은 문화유산이다.

5. 기복신앙과 샤머니즘

부장용(副葬用)으로 사용된 대부분의 도기는 영혼을 저승길로 태워 보내는 역할을 한다고 믿었는데, 배 모양의 도기 그리고 오리형·수레형 도기 등을 통해 그들의 샤머니즘을 엿볼 수 있다.

또한 장독대를 살펴보아도 우리 민족의 소박한 신앙심을 엿볼 수 있다. 큰 독엔 간장이 익어 가고, 금줄을 치고 버선본을 붙여 놓으면서 정성스레 닦아 주던 여인들의 손길이 억지 부리지 않고 가꿔 놓은 장독대 문화로 남아 있다. 더욱이 그곳은, 운명적일 수밖에 없는 삶을 살아가며 정화수를 떠 놓고 빌고 또 빌었던 우리네 할머니·어머니의 기복신앙이 신선한 새벽향기 속에 살아 숨쉬는 곳이기도 하다. 적색은 잡귀를 물리쳐 주며 줄띠는 장수를 뜻하는데, 비뚤어진 기형도 금이 간 것도 때워서 쓰는 알뜰함도 여기에 담겨 있다.

6. 한민족의 동질성

도기 그릇을 빗물을 받거나 물을 떠 나르기도 하는 수옹으로, 또는 술을 빚을 때 쓰는 술독으로 쓰는 것쯤은 세계 어느 나라에서나 볼 수 있다. 그렇지만 우리 한민족처럼 줄기차게 도기 그릇(옹기를 포함하여)을 사용해 온 민족도 드물 것이다.

발효식품인 간장·된장·고추장·김치·식초 등 우리 한민족의 음식문화에서 우리는 동질성을 공유하며 김치문화를 세계에 알리고 있다. 이러한 동질의 문화가 남과 북의 갈림길에서 그리고 이제 막 대화의 마당이 펼쳐지는 시점에서 하나로 이어져 나가 연구하고 공감할 수 있는 전통문화로 자리매김할 수 있길 바라는 마음이기도 하다.

이상으로 문헌과 회화자료를 가지고 옹기의 역사와 변천과정을 개략적으로 살펴보았고, 옹기의 문화적 가치를 짚어 보았다. 문헌자료를 통해, 조선시대 옹기의 종류는 독·중두리·항아리·시루·소래기·동이 등이 있었고 그 명칭이 현재 우리가 쓰고 있는 명칭과도 거의 유사함을 알 수 있었다. 또한 옹기의 관리와 쓰임새에 관해 왕실에서 일반 서민층에 이르기까지 많은 관심을 기울였음을 알 수 있었다.

또한 회화자료에서는 독·자배기·병 등의 형태와 쓰임새를 살펴보았는데, 16세기와 18세기 그리고 오늘날에 이르기까지 하나의 연장선처럼 동일한 형태와 쓰임새를 하고 있었다.

이러한 맥락에서 볼 때 옹기는 선조들의 생활상, 우리 한민족만이 갖고 있는 음식문화와 밀접한 관련이 있음을 알 수 있다. 수천 년 동안 이어져 내려온 역사만큼 옹기도 그 끈끈함을 지켜 왔다고 할 수 있다. 삶을 영유하기 위해 끊임없이 만들고 가꾸어 왔던 도기문화는 물줄기가 흐르듯 가늘고 길게, 깊고 폭넓게 모든 영역을 수용하면서 지금까지 우리 곁에서 기층문화의 버팀목이 되어 왔던 것이다. 옹기는 서민들의 삶을 대변해 주는 산물이면서 그 자체로 자연친화적인 그릇이고, 또한 그 위에 그려진 무늬도 그들의 응어리진 삶을 자유분방하게 표출해낸 것임을 볼 때, 민(民)·기(技)·예(藝)를 겸한 종합예술로서의 민중예술(民衆藝術)이라 할 수 있다.

그러나 과학의 발달로 문명의 이기가 가져다 준 자연환경의 파괴는 우리의 주거문화와 식문화를 침몰시켜 버렸다. 격변하는 시대에 사라져 가는 우리의 옹기문화를 지키고 알려 나감으로써, 숨쉬는 항아리처럼, 우리 오천 년 문화가 늘 푸르고 건강하게 이어지길 바란다.

주(註)

1. 윤용이, 『아름다운 우리 도자기』, 학고재, 1996, pp.348-349.
2. '역사 속에 나타난 옹기'와 '옹기의 명칭과 종류'는 필자가 펴낸 정병락의 유저 『옹기와의 대화』(옹기민속박물관, 1997, pp.100-122)에서 발췌, 정리한 것임을 밝혀 둔다.

옹기와 한국인의 삶

배도식(裵桃植)

민속학자

1. 옹기의 유래와 역사

인간이 동물과 다른 점이 여러 가지가 있겠지만 그 중에 하나는 도구를 사용할 줄 안다는 것이다. 여러 가지 도구로 짐승을 잡기도 하고 열매를 따기도 했으며, 농사를 짓기도 하고 바가지 같은 것으로 무엇을 담기도 하다가 나중에 옹기를 만들어 그릇으로 사용했을 것이다. 인류의 지혜가 그다지 발달하지 않았던 시대에, 사람들이 어떻게 옹기를 만들어내었는지에 대해서는 알 수가 없다. 사람들은 이미 역사 이전부터 옹기를 만들어 썼음이 분명하나 문자시대 이전의 일이므로 기록이 없다. 후세 사람들은 대개 이렇게 추리를 한다.

원시 채집경제 시대에 무엇을 담기 위해서 소쿠리 같은 용기를 사용하였을 것이다. 우연한 기회에 이 소쿠리가 진흙탕에 빠뜨려지고 흙이 묻은 채 말랐을 때에 숲에서 난 불에 의해 타게 되었다. 그러나 진흙이 말라붙어 있었으니 통째로 타지 않고 단단한 흙그릇으로 변한 것을 볼 수 있었을 것이다. 이를 본 그 시대의 사람들은 그릇을 만들기 위해 일부러 소쿠리에 흙을 발라 토기를 구워냈을 것이다. 이것이 토기,

즉 옹기(도기)의 유래가 되었을 것으로 추측하는 것이다.[1] 소쿠리를 기본 틀로 이용했기 때문에 토기의 바깥 거죽에 소쿠리 모양의 무늬가 생겼을 것이고, 후세 사람들은 이를 빗살무늬토기(櫛文土器)라 했다. 이에 반해 토기의 표면에 아무런 무늬가 없는 것을 민무늬토기(無文土器)라 했다.

토기는 북유럽에서 처음 만들어져 우랄 산맥을 넘어 시베리아를 거쳐 동으로 동으로 전파되어 한반도와 일본에까지 전파된 것으로 알려져 있는데, 우리나라에서는 신석기시대에 처음으로 빗살무늬토기를 만들어 썼을 것으로 보고 있다.

평안북도 강계군 공귀리 유적지에서 현대의 것과 거의 비슷하게 만들어진 청동기시대의 토기가 출토된 적이 있는데, 목이 있고 배가 볼록하며 양 옆에 손잡이가 달려 있어 현대의 물항아리와 거의 같은 모습이다. 또한 통일신라시대에 사용했던 유약을 바른 토기 즉 옹기가 출토되기도 했는데, 이때 사용한 유약은 연유(鉛釉)로 연단(鉛丹)과 석영을 섞어서 만들어 썼는데, 섭씨 700-800도에서 구우면 황녹색의 빛깔을 띤다고 한다.[2] 녹유(綠釉)의 토기가 출토된 예를 조금 더 들어 보면 경주의 사천왕사(四天王寺)

탑적(塔跡)에서 사각형 녹유와당(綠釉瓦當)이,[3] 경주 영묘사(靈妙寺)에서 유약을 입힌 막새기와가 출토된 적이 있다.[4] 그 밖에 유약을 칠한 녹유귀면(綠釉鬼面) 기와와 다른 기와들이 안압지에서 다수 출토된 바 있다.[5]

이처럼 옹기는 유사 이전부터 인류의 역사와 함께 오늘날까지 쓰이고 있는데, 단순하게 만들어졌던 토기가 유약을 발라 더욱 단단해진 옹기로 발전하면서 우리의 선조들은 이를 식품이나 액체를 담는 용기로 쓰고, 또 저장 식품의 용기로도 많이 이용해 왔다.

2. 장과 김치

1. 유래와 역사

예로부터 우리나라는 월동하기 위해 김장을 하고 장 담그는 일을 일 년 중의 대사로 여겼다. 그래서 늦은 가을이 되면 길일을 택해 온 식구들이 모여 김장을 했다. 장 담그기는 김장을 한 후에 좋은 날을 택하여 했는데, 대개 설을 쇠고 담그는 것이 일반적이었다. 우리 민족은 오래 전부터 장과 김치를 기본 밑반찬으로 하여 식생활을 해 왔는데, 여기서는 이러한 장과 김치 담그기의 역사에 대해 알아보기로 하자.

장(醬)은 콩을 이용하여 담그기에 장의 시초는 콩(대두, soybean)의 원산지와도 관련이 있을 것이다. 콩의 원산지는 중국 대륙 즉 만주 지역으로 되어 있는데, 이는 고구려의 옛 땅이므로 어쩌면 고구려에서 맨 먼저 장을 담가 먹었을지도 모를 일이다. 인류가 언제부터 장을 담가 먹었는지에 대해 확실히 알 수는 없지만, 관련 학자들에 의하면 대개 3세기경에는 콩의 발효식품을 먹었을 것으로 보고 있다. 중국 문헌인 『제민요술(齊民要術)』에 '시(豉)'라는 음식의 제조법이 기록되어 있는데, 이는 오늘날 우리가 만들어 먹었던 메주와 거의 비슷하다. 그 내용은 살펴보면, 콩을 삶아 어두운 방에 재워 놓으면 곰팡이가 번식되어 황의(黃衣)가 덮이게 되며 단백질이 분해되는데, 이것을 씻어서 균사(菌絲)를 제거하고 짚이 깔려 있는 움 속에 두면 잘 발효된다고 한다. 이를 꺼내어 햇볕에 말리면 '시'가 된다고 했다. '시'가 메주의 원형이라고 볼 수 있지만, 중국에서는 '시'를 물에 담가서 우려내는 데 비해 우리는 소금물에 담가서 숙성시킨 후에 간장을 뜨고 된장을 만드는 것으로 발전되었다.[6]

그 밖에 『제민요술』에는 고기를 넣어 만든 육장(肉醬), 생선을 넣어 만든 어장(魚醬)을 소개해 놓아, 당시에 이미 여러 종류의 장이 있었음을 알 수 있다.[7] 조선 후기의 역사와 문물을 기록한 『해동역사(海東繹史)』에도 『신당서(新唐書)』의 기록을 인용하여 만주와 고구려에서 '시'를 만들어 먹었다고 했는데,[8] 이는 콩으로 만든 메주로 장을 만들어 먹었던 것으로 보고 있다. '시'가 고구려에서 중국으로 전파되어 간 것인지, 아니면 중국에서 고구려로 건너온 것인지는 알 수 없다. 어쨌든 이것이 오늘날 장 담그기의 시초가 되는 셈이다.

한편 우리나라 문헌 중에서는 『삼국사기(三國史記)』 「신라본기(新羅本紀)」 '신문왕(神文王)' 조에 '장시(醬豉)'란 말이 처음 나온다. 즉 신문왕이 김흠운(金欽運)의 딸을 왕비로 간택할 때 신부댁에 폐백물목으로 쌀·술·기름·꿀·장시·포 등을 보냈다는 기록이다. 여기서 '장시'란 오늘날의 간장과 된장을 말하는 것이 아닐까 한다. 『고려사(高麗史)』 「열전(列傳)」 '최승로(崔承老)' 조에는 "임금께서 '장유(醬油)'와 '시갱(豉羹)'을 가난한 사람들에게 나누어 주었다"는 기록이 있는데, 여기서 장유는 장과 기름을, 시갱은 된장국을 말한다. 또 『고려사』

「식화(食貨)」조에 "현종 9년(1018) 거란의 침략 때에 의주의 흥화진에서 추위와 굶주림에 떨고 있는 백성들에게 옷감과 소금과 장(醬)을 나누어 주었다"는 기록과, "문종(文宗) 6년(1052)에 개경에 흉년이 들어 굶주리는 백성들에게 쌀과 조와 된장을 내렸다"는 기록이 있다. 또한 이규보(李奎報)의 시문집인 『동국이상국집(東國李相國集)』에 "우리나라 사람들은 여름철에는 장아찌를, 겨울철에는 김치를 먹는다"[9]는 기록이 있다. 조선 명종 9년(1554)에 편찬된 『구황촬요(救荒撮要)』에는 장 담그는 법인 침장법(沈醬法)과 간장 만드는 법인 조청장법(造淸醬法) 등 여덟 종류의 장류 제조법이 수록되어 있고,[10] 광해군 때(1661) 편찬된 『동의보감(東醫寶鑑)』에도 장 제조에 대한 기록이 있다.[11]

우리의 독특한 식품인 김치의 역사도 매우 오래 되었다. 신라 초기에 장을 담가 먹었던 기록을 앞에서 예거했는데, 이 시대에는 김치도 만들어 먹었을 것으로 추정하고 있다. 물론 오늘날처럼 고도로 발달된 김치는 아니었을 테고, 아마 무나 배추를 간장이나 된장에 저려서 먹었을 것으로 보고 있다. 식품학자들의 말에 따르면 이 시대에는 젓갈류도 만들어져서 채소나 무 등을 젓갈에 비벼 두었다가 겨울용 반찬으로 먹었을 것으로 추정하고 있다. 일본 나라 시대에는 '나라쯔게'라는 짠지김치를 만들어 먹었다는 기록이 있는데, 이는 우리나라에서 전파된 것으로 보고 있다.[12] 또 김치라는 발효식품은 중국에서 먼저 시작되어 우리나라로 전파된 것이 아닌가 보고 있는데, 기원전에 만들어진 『시경(詩經)』에 오이로 만든 김치 이야기가 나온다.[13] 그러나 이때의 김치는 오늘날의 김치와는 거리가 있겠다. 좀 진보된 김치는 아마도 고려시대에 들어와서 담가 먹지 않았을까 한다. 고려 중엽 이규보가 쓴 『동국이상국집』에 "무

를 소금에 절여 겨울철에 먹었다. 그리고 무청을 장속에 박아 넣었다가 여름철에 먹었다"라고 했는데,[14] 이는 장아찌를 말하는 것이다. 소금에 절인 무나 장아찌는 모두 김치에 해당한다. 고추를 넣어서 만든 근대적 김치는 아마도 조선 중기 임진왜란 전후가 아닌가 한다.[15] 이때 우리나라에 고추가 들어왔을 것으로 보고 있기 때문이다.

조선 중기와 후기에 와서 여러 가지 식품서적들이 출간되었는데, 『규곤시의방(閨壼是議方)』(1670년경, 일명 '음식디미방')에 일곱 종의 저채류(菹菜類, 김치 종류)가 나오고, 『산림경제(山林經濟)』(1715년경)에 열여덟 종의 저채류 제조법이 나온다. 그리고 『증보산림경제(增補山林經濟)』(1776년)에는 국내외 저채류 만드는 법 서른넉 종을 들고 있다. 이런 책들을 바탕으로 하여 편찬한 『임원십육지(林園十六志)』(1827년경)에는 저채류 담그는 법 아흔 두 가지를 열거하고 있어 우리나라 김치류를 집대성한 책이라 할 수 있다. 이 무렵에 한글로 씌어진 『규합총서(閨閤叢書)』(1815년경)가 간행되었는데, 여기에는 일반 김치는 물론 동치미·섞박지·동섞박지 등을 만드는 법까지도 상세히 기록하고 있다.[16]

2. 장과 김치 담그기의 지혜

우리 조상들은 장을 담글 때에 합리적인 방법을 썼다. 첫째, 콩이라는 농작물을 적절히 이용할 줄 알았다. 밭에서 나는 고기라 할 만큼 단백질이 풍부한 콩을 채소가 귀한 겨울철에 밑반찬으로 하여 영양가가 높은 식물성 식품을 식탁에 올릴 수 있었다는 것은 참으로 훌륭한 발상이다. 둘째, 계절의 순환을 잘 이용할 줄 알았다. 즉 가을에 수확한 콩을 잘 말리고 삶아서 메주를 쑤고, 추운 겨울에 이를 공기가 잘 드는 곳에 매달아 발효시켜 영양가 높은 식품으로 변환시

경상북도 안동시 풍천면 하회마을.
장은, 대개 설을 쇠고 난 입춘 전후에 적당한
농도의 소금물에 메주를 넣어 담근다. 이때는
시기적으로 아직 추운 날씨이므로 담근 장이
쉽게 부패하지 않는데, 장을 담근 후에도
숯과 고추를 넣어 장의 부패를 미연에
방지했으며, 항아리 둘레에 새끼줄을 둘러서
부정한 것의 접근을 막기도 했다.

킬 줄 알았던 것이다. 삶은 콩이 썩지 않게 하기 위해 가을과 겨울이라는 계절의 순환을 잘 이용한 것이다. 셋째, 메주를 짚으로 싸서 매달아 두는 데도 과학의 원리가 있었다. 메주가 발효하려면 흰곰팡이가 필요한데 이는 짚에서 많이 공급받을 수가 있었기 때문이다. 메주는 이런 과정을 겪으면서 콩의 단백질이 필수 아미노산으로 변환되어 맛좋은 간장과 된장으로 태어나는 것이다. 넷째, 우리나라에서는 대개 설을 쇠고 난 입춘 전후에 적당한 농도의 소금물에 메주를 넣어 장을 담갔다. 이때는 시기적으로 아직 추운 날씨이므로 담근 장이 부패하지 않는다. 그래서 시일을 두고 천천히 메주 맛이 우러나올 수 있었

다. 다섯째, 장을 담그기 전에 장독을 여러 번 깨끗이 씻고 말린 후에 나쁜 균이나 독기·냄새 등을 제거하기 위해 독 안에 짚불을 놓아 열과 연기로 독의 내벽을 소독했다. 이러한 과정이 단순해 보일는지는 모르지만 장의 부패를 막기 위한 과학적인 방법이었다. 우리 조상들의 지혜가 돋보이는 부분이라 할 것이다. 여섯째, 장을 담근 후에도 장의 부패를 우려하여 숯과 고추를 넣어 이를 방지했다. 그리고 지역에 따라서는 장독에다 명태·밤·대추·미역·다시마 등을 넣어 장맛을 좋게 우려내기도 한다.[17] 그러나 일부 지역에서는 장맛의 변질을 걱정하여 명태나 미역 다시마 등을 넣지 않는 곳도 있다. 숯은 나쁜 물질

194

전라북도 임실군 덕치면 장암리.
채소 같은 식품의 갈무리가 여의치 않았던
옛 시절에는, 겨울철에 김치를 담가 독에
담아 땅 속 깊이 묻어 놓고 두고두고
먹을 수 있도록 함으로써 우리 몸에 꼭
필요한 비타민 · 아미노산 · 젖산 등의
유익한 영양소를 섭취했다.

이나 냄새를 흡입해 주고, 붉은고추는 매운 기운으로 소독의 효과를 내며, 고추의 비타민이 장물과 함께 녹아서 영양가를 높이고 독특한 맛을 내는 구실을 한다. 이렇게 발효시킨 장은 맛도 좋을 뿐 아니라 영양가가 풍부하여 뛰어난 식품이라 할 수 있고, 발암을 억제하는 요소가 있어 우리의 건강에 크게 도움을 주는 건강식품이라 할 수 있다.

한편 장과 함께 우리나라 사람들이 즐겨 먹는 밑반찬으로 김치를 뺄 수가 없다. 그것은 맛이 좋고 영양가가 많아 오랫동안 우리와 함께 해 왔다. 그리고 채소 같은 식품의 갈무리가 여의치 않았던 옛 시절에는 겨울철에 독에 담아 땅 속 깊이 묻어 놓고 두고두고

먹을 수 있었기 때문에 아주 요긴한 식품이었다. 이 김치 때문에 우리는 겨울철에도 채소를 먹을 수 있게 되었으며, 우리 몸에 꼭 필요한 비타민 · 아미노산 · 젖산 등의 유익한 영양소를 섭취할 수 있었던 것이다. 김치는 채소와 소금 · 젓갈 · 고추 · 마늘 · 깨 · 부추 · 달래 등의 양념과 향신료를 넣고 숙성시킨 것이기 때문에 발효되면서 새로운 영양소가 생기고, 그 특유의 향취와 맛이 살아나는 것이다. 계속 먹어도 물리지 않는 성질 때문에 우리의 기호에 잘 맞았고, 발암을 억제해 주며, 소화를 돕는 유익한 부식물이어서 오늘날에는 우리나라뿐만 아니라 세계적인 건강식품으로 인정받아 각광을 받고 있는 것이다.

3. 장독대

1. 장독대의 위치와 풍정

장독대는 집 안의 적절한 곳에 마련해 두었는데, 보통 부엌 앞이나 뒤쪽, 아니면 담장 밑이나 우물가에 자리를 차지하고 있었다. 집안의 어느 곳에 대를 만들지 않고 장독들을 모아 놓은 곳을 '장독간' 이라 했고, 마당의 어느 곳에 터를 돋우어 대(臺)를 형성하고 밑바닥에 반석이나 자갈을 깔아 놓고 장독들을 보관하고 있으면 '장독대' 라 불렀다. 잘 사는 집에서는 장독대를 근사하게 형성해 놓았고, 가난한 집에서는 장독간을 부엌 가까이 적당한 곳에 몇 개의 장독들을 두게 되는 것이 보통이었다. 그러나 일반적으로 장독간이나 장독대는 같은 의미로 쓰이므로 군이 구별하여 부르지는 않는 실정이다. 규모가 있는 장독대에는 돌담을 쌓아 외부의 사람들이 함부로 출입할 수 없도록 해 두기도 했다.

우리나라의 장독대는 그야말로 한국적인 풍정이 서린 모습이 많다. 장독대 옆에는 우물이 있고, 그 주변에는 앵두나무 · 대추나무 · 감나무 · 포도넝쿨이 가지를 뻗고 있어 철마다 그늘을 덮어 주고 열매를 매달아 준다. 놀이장이 따로 없던 시절에 아이들은 줄곧 이 장독대 주변에 모여들어 놀기도 하고, 봄이면 감꽃을 줍고, 여름에는 앵두를 따 먹으며 자랐고, 가을에는 익어서 떨어져 있는 대추를 주워 먹고, 겨울에는 독에 넣어 둔 홍시를 꺼내 먹고 자랐다. 가을철 볕이 좋은 한 나절에는 할머니가 붉은고추와 호박고지를 장독들 위에 널어 말리고, 그 옆에서는 어머니가 방금 털어 온 참깨 · 들깨를 키 안에 펼쳐 놓고 햇볕을 보인다.

뭐니뭐니 해도 장독대에는 먹을 것이 있어서 아이 어른 할 것 없이 관심의 대상이 되었다. 한겨울 긴긴 밤에 배가 출출해지면 장독대 옆에 둔 고구마도 갖다 먹었고, 캐다 둔 배추뿌리도 깎아 먹었다. 먹을 것이 별로 없었던 옛 시절, 밤중에 어른들 몰래 장독대에 나가 이런 것들을 갖다 먹는 재미도 솔솔했는데, 숨겨 둔 감홍시나 곶감이 손에 잡히면 더없는 행운이었다. 가을에 홍시를 따서 독 안에 넣어 장독대에 보관해 두는데, 한겨울이 되면 이들이 녹아 터져서 꿀처럼 엉겨 붙는다. 찰떡을 이 홍시 진액에 찍어 먹으면 맛이 그만이었다. 또한 우리의 농촌에서는 겨울철이 되면 메밀묵이나 팥죽을 쑤어먹기도 하는데, 먹고 남는 것은 양푼에 담아 차가운 바람이 부는 장독대 위에 갖다 놓는다. 어쩌다 이런 걸 발견하게 되면 이 또한 행운이 아닐 수 없다. 이렇듯 장독대는 우리 고향의 서정을 담뿍 간직하고 있는 추억의 공간이었다.

2. 장독대의 조성

장독대에는 주로 큰 장독들이 자리를 잡고 있으며, 그와 비슷한 크기의 김칫독들도 몇 개 놓여 있다. 그 밖에 장을 뜨고 나면 큰 독에는 간장을 갈무리해 두고 좀 작은 독에는 된장을 담아 두며, 날씨가 춥지 않을 때는 김칫독들도 이곳에 보관해 두었다가 김치를 꺼내 먹는다. 추운 겨울철에는 김칫독이 얼어터지는 것을 방지하기 위해 땅에 묻거나 고방에 보관하기도 한다. 그 밖에 장독대에는 고추장독 · 막장독 · 집장독(겨로 만든 메주를 띄워 만든 장) · 소금단지 · 젓갈단지 등 많은 독과 단지들을 보관하고 있으며, 부잣집에서는 떡시루 · 소줏고리 · 소주두루미 · 약탕기 등도 놓아 두었다. 그래서 장독대를 보면 그 가정의 가세가 어느 정도인가를 얼른 알아차릴 수가 있다.

우리는 흔히 '독' 과 '단지' 를 구별하지 않고 말하기도 하는데, 쉽게 구분해 보면 독은 배가 부른 큰 옹기를 말하고, 단지는 배가 그리 부르지 않은, 몸집이 좀 작은 옹기를 말한다. 독은 큰 옹기그릇으로 대개 다섯 말 이상이 들어간다. 단지는 그보다는 작은 양이 들어가는 것을 통틀어서 말하는 것인데, 독이든 단지든 만드는 사람에 따라 모양과 크기가 다양하므로 종류가 많은 것은 말할 필요도 없다. 아주 큰 독을 '대자리' 라 했고, 사람 셋이 앉을 만한 크기의 독을 '세자리' 라 했으며, 두 사람 앉는 크기면 '두자리', 사람 하나 자리를 차지하면 '한자리', 그보다 약간 크면 '자리반' 이라 부르고, '한자리' 보다 좀 작으면 '짝' 이라 불렀다. 정확히 말하면 '짝' 은 한자리의 반 정도 크기를 말한다. 물론 이 크기는 요즘처럼 정확한 용량을 재어서 말하는 것이 아니고, 만든 사람의 짐작에 의해 대략 그렇게 부르곤 했다. 그리고 또 다른 이름으로는 여섯 말이 들어가는 옹기는 '육개' 라 부르고, 다섯 말이 들어가면 '오개' 라 불렀다. 이보다 작으면 차례로 '사개' '삼개' '이개' '개' 라 부르기도 했는데, '삼개' 이하이면 모두 단지에 속한다. 단지는 주로 이 정도 크기가 많이 쓰였다고 한다.

장독대에 옹기들을 배치할 때는 큰 독들을 뒤쪽에 놓고, 그 앞에는 중간 독들을, 그 앞쪽으로는 단지들을, 그리고 맨 앞에는 꼬마 단지들을 배열했는데, 이는 보기도 좋게 하고, 햇볕이 잘 들게 하여 장이 잘 익도록 한 것이다.

장독대 근방에는 장독대를 보다 운치있게 하기 위해 유실수를 심어 넝쿨과 열매를 즐기기도 하고, 이들 나무들이 만들어 주는 그늘로 장독들을 식히기도 했다. 여름철의 뜨거운 햇볕을 온종일 쬐면 그것도 좋지 않기 때문이다. 나무들이 주는 그림자를 적당히 드리우게 하여 장독들의 온도를 조절해 주는 것도 장맛을 지켜 나가는 하나의 지혜가 된다.

4. 부엌살림으로서의 옹기

옹기는 장독대에서만 보관하는 것이 아니라 음식을 준비하는 부엌이나 헛간·고방 등에서 보관하기도 했다. 부엌에 보관하는 것은 음식을 만들 때 이용하기 편하기 때문이고, 헛간이나 고방에 보관하는 것은 장독대가 좁아서 옹기를 모두 놓기가 버거워서 옮겨다 놓은 경우도 있다. 그러나 대개는 겨울철의 추위에 독들이 얼어터지지 말라고 방비를 하기 위함이다.

웬만한 독이나 단지는 부엌에서도 보관을 했는데, 부엌에서는 우리가 먹고 살아야 할 음식을 만드는 장소이기 때문에 이용하기 쉬워서이다. 김치나 간장·된장은 우리의 토속음식으로 가장 기본이 되는 밑반찬이다. 그래서 한꺼번에 많이 담가 장독대에서 보관하는 것이 우리네 가정에서의 일반적인 관례이나, 이들을 끼니 때마다 매번 떠다 나르기가 번거로우므로 작은 단지에 먹을 만큼 들어다가 부엌에 두고 이용하기도 한다. 그래야 겨울에는 추위를 피할 수도 있고 시간도 절약할 수 있는 것이다. 그래서 우리의 재래식 부엌에는 그릇과 옹기들을 보관하는 공간이 마련되어 있었다.

솥이 걸린 그 양쪽 부뚜막에는 김치·간장·고추장·소금·깨소금·고춧가루단지·술병과 식촛병 등도 한구석을 차지하고 있었는데, 잘 알다시피 우리의 재래식 부엌이라는 데가 넓은 공간이 아니기 때문에 부피가 큰 독은 들여 놓기가 어려웠다. 그래서 주로 몸집이 작은 단지류들을 갖다 놓고 끼니 준비에 필요한 밑반찬들과 양념을 떠내어 썼던 것이다.

그리고 어느 집에서나 없어서는 안 될 필수적인 독이 있었으니, 그것은 물을 담아 두는 두멍(경상도에서는 '드므' 혹은 '드무' 라고도 한다)과 설거지할 때 쓰는 자배기(버지기)가 그것이다. 물두멍은 큰 독을 쓰는 가정도 있지만 대개 입구가 넓고 키가 그리 크지 않은 것을 물 저장용 용기로 썼다. 자배기는 키가 크지 않고 입이 벌어진 옹기를 말하는데, 개수대가 만들어져 있지 않던 옛 시절에 밥그릇·국그릇 등의 식기류나 수저 등을 씻는 데 썼던 옹기 그릇이다.

5. 옹기와 민간신앙

1. 집 안 신앙

조왕중발

조왕(竈王)중발이란 부엌을 다스리는 여신을 모시는 신체(神體)를 말한다. 대개 하얀 대접이나 중발에 정화수를 담아 신체를 표시하는데, 때로 어떤 집에서는 옹기로 된 작은 단지의 뚜껑을 쓰기도 한다. 지역에 따라서는 접시에 콩기름이나 들기름을 부어 불을 켜 두기도 하는데, 이것도 조왕신의 신체가 된다. 중발이나 대접에 새벽에 떠 온 정화수를 붓고, 손을 모아 공손히 절을 한다. 매일 물을 갈아 담는 집도 있고, 며칠만에 한 번씩 하는 집도 있는데, 담겨 있던 물은 물독에 도로 붓기도 하고, 깨끗한 곳이나 굴뚝 근처에 버리기도 한다. 접시에 기름불을 켜는 것은 초하루나 보름에 주로 하고, 집안에 우환이 있거나 중대한 일이 있을 때는 여인들이 불을 밝히고 정화수를 준비하여 비손을 한다. 우환을 멀리하고, 중대사가 잘 처리되기를 기원하는 것이다.

조왕신은 대개 여신으로 보고 있는데, '조왕할머니' 또는 '조왕각시'라 부르기도 한다. 경상도에서는 '조왕할매'로 부르는 경우가 많다. 조왕할머니를 모시는 자리는 부뚜막에 큰솥이 걸려 있는 바로 뒤쪽

의 공간을 이용하기도 하고, 뒷벽에 흙을 붙여 약간의 자리를 만들기도 하며, 판자를 대어 붙여 선반을 만들어 거기다 정화수를 담은 중발을 놓기도 한다. 지역에 따라서는 물 대신 기름접시에 불을 밝히기도 하고, 물과 불을 다 준비하기도 한다. 가정의 주부는 섣달 그믐날이나 정월 초하루, 정월 보름날, 일반적으로 삭망(朔望)에 불을 밝히고 집안의 화평과 가족의 무병장수를 빈다.

조왕신은 부엌의 불을 관장하는 신으로 음식을 만드는 데 기여하는 신이다. 불은 요리를 하는 도구이고, 음식은 우리의 건강과 생명을 지켜 주는 것이기 때문에 부(富)와 관련이 있다. 그러므로 조왕신을 잘 섬겨야 부엌의 관리가 잘 되며, 먹고 사는 데 지장이 없는 것이다. 조왕신은 불의 신이므로 정화의 능력이 있다. 부정한 것을 불의 정화력으로 없애 주는 힘이 있다고 믿었기에, 가족 중에 누군가 초상집에 다녀오거나, 부정한 것을 보고 왔으면 방으로 가기 전에 먼저 부엌으로 들어가서 부정을 가셨다. 이것을 꼭 미신적인 행위라고 웃어넘길 일은 아니다. 왜냐하면 부엌은 아궁이가 있고, 불이 있으며, 연기가 나오기 때문에 약간의 소독작용을 할 수가 있는 것이다.

이처럼 부엌은 신성한 곳이고, 조왕이라는 불의 여신이 안주하는 곳이기에 무척 조심을 해야 하는 장소였다. 그래서 우리네 할머니와 어머니들은 예로부터 부엌에서 욕을 하거나 좋지 않은 행동을 하지 않았고, 아궁이에 냄새나는 물건을 태우지 않았으며, 좋지 않은 나무도 때지 않았다. 조왕을 모시는 큰솥 근처에는 칼이나 도끼 같은 흉기도 올리지 않았는데, 조왕신을 공격하는 것으로 오해를 받을 수도 있기 때문이다. 조왕신이 노하면 집안이 망한다고 여겼다. 부엌에 사는 조왕신을 공경하는 뜻에서 부엌

에 출입할 때에는 문턱을 밟지 않아야 했다.

조왕할머니는 음력 섣달 그믐께 하늘로 올라가는데, 한 해 동안 그 집에서 있었던 일을 옥황상제에게 일러바치러 간다고 여겼다. 그래서 가족 중에 좋지 않은 일을 한 사람은 아궁이에 엿을 발라 두었는데, 엿의 찰기로 입이 붙어 일러바치지 못하도록 하기 위해서라고 한다. 그리고 조왕은 설날 새벽에 내려와서 다시 제 자리로 돌아온다고 여겼다. 정초에 지신밟기를 할 때 부엌에 들어가서 조왕신을 위해 지신을 밟아 주기도 했다.

섣달 그믐날의 잔등 접시

우리의 옛 풍속에 섣달그믐날 밤이 되면 가족이 모여 세찬을 마련하면서 밤을 샌다. 이날 잠을 자면 눈썹이 센다 하여 잠을 자지 않고 아이들과 함께 이야기를 나누며 단란하게 보내는 풍속이 있었다. 이날 밤에는 반드시 집안 곳곳에 불을 켜 둔다. 방이나 마루 부엌은 물론, 곳간·외양간·우물·변소에까지도 접시에 기름을 붓고 불을 켜서 집안의 곳곳을 환히 밝혀 두었다. 이를 '잔등(殘燈) 밝힌다'고 했는데, 이날 밤에는 맑은 기름, 즉 좋은 기름을 사용해야 한다고 해서 참기름을 주로 썼으며, 참기름이 없을 때에는 들기름도 썼다. 이때 기름을 붓는 접시는 부잣집에서는 사기접시를 이용했지만 일반 백성들은 옹기로 된 접시(작은 단지의 뚜껑)에다 기름을 부어 불을 댕겨 놓았다.

불을 밝히는 의미는 가는 해를 편안하게 보내고, 오는 해를 밝게 맞이하겠다는 우리 조상들의 소박한 염원에서 비롯된 것이다. 즉 불을 밝혀 두면 집안이 불처럼 밝고 환한 복이 들어온다고 믿었다. 이는 불의 광명과 정화력을 빌려 가는 해와 오는 해를 무사히 순환시키려는 우리 조상들의 염원에서 비롯된 것

인데, 이런 데서 우리 민족의 순박성을 엿볼 수 있다.

이렇게 불을 밝히며 한 해의 마지막 밤을 지키는 것을 수세(守歲)라 했다. 한 해를 보내는 끄트머리에서 식구들이 모여 지나온 한 해를 되뇌어 보고 새로운 계획도 세우는 의미있는 시간이라 할 것이다.

조상단지

우리네 농가의 안방에는 예로부터 조상단지를 마련하여 모시는 풍속이 있었다. 주부가 거처하는 안방에다 모셨는데, 손이 없는 빈 공간의 벽이나 모서리에 작은 선반을 만들고 그 위에 옹기그릇인 작은 단지를 올려 둔다. 정성을 들이기 위해 까만 오지그릇을 준비하기도 하고, 드물지만 하얀 도자기 그릇을 올리는 집도 있다. 이 옹기그릇 안에는 그 해에 추수한 햅쌀을 넣는 것이 일반적이 사례이나 오곡을 넣어 모시기도 한다. 조상을 숭배하는 의미에서 '조상단지'라 부르기도 했으며, 불교적인 색채를 띠어 '세존단지(시준단지)'라 하기도 했다. 그리고 자식이나 곡식의 생산을 기리는 의미에서 일부 지역에서는 '삼신바가지'라 부르기도 했으며, 전라도 지역에서는 제석신을 섬기는 오가리(뚝배기)라고 하여 '제석오가리'라 부르기도 했다. 이러한 풍속이 존재했던 이유는 조상을 섬기거나 세존 혹은 제석·삼신을 섬김으로써 농사가 잘 되고 가세가 번영하기를 바라는 염원에서 비롯된 것이라 할 수 있다.

우리네 농가에서 가을에 추수를 하여 맨 먼저 조상단지에 햅쌀을 바쳤는데, 단지를 비우고 깨끗이 씻어서 새 쌀을 넣었다. 이를 '재미한다'고 하고, 가정의 안택을 빌기 위해 따로 제사를 드리기도 했다. 제일은 가정마다 다르나 대개 9월 9일, 10월 15일, 10월 그믐, 섣달 그믐날 지내는데, 9월 9일이나 10월 보름이 많았다. 조상단지에서 나온 헌 쌀은 버리지 않고

떡을 해서 조상단지에게 바치고, 가족끼리 나누어 먹었다.

성주독

성주는 집의 신이다. 우리는 예로부터 새로 집을 지으면 성주를 모시고 상량(上梁)을 했으며, 성주신이 이 집을 잘 지켜 주기 바라는 뜻에서 성대하게 제사를 올렸다. 성주가 집의 신이기에 집의 한가운데에 자리를 잡아야 한다고 생각했다. 그래서 제법 큰 독에 쌀을 가득 넣어 마루의 한가운데나 옆에 붙여 세워 둔다. 마루가 좁을 경우에는 광이나 헛간에 보관하기도 하는데, 이에 쓰는 옹기를 성주독 혹은 성주단지라 불렀다. 지역에 따라서는 베나 한지를 접어 흰 실타래로 기둥이나 대들보, 혹은 벽에 묶어 두기도 한다.

우리나라의 중부지역과 경북 등지에서 성주독이 많이 발견되는데, 이는 조상단지에 햅쌀을 보관하는 이치와 꼭 같다. 그 해에 추수한 새 쌀을 성주신에게 바쳐서 가정의 화평을 빌고, 나아가 내년에도 또 풍년이 들어 삶을 유지해 가는 데 아무런 어려움이 없도록 해 달라는 것이다. 그래서 정초에 지신밟기를 할 때 성주굿을 맨 먼저 하여 이 집의 안택을 비는 것이다. 보름이나 동지 때, 혹은 귀한 음식이 생겼을 때는 상을 차려 성주신에게 바치기도 한다.

한 해가 지나 가을에 추수를 하면 새 쌀로 바꾸어 넣고 헌 쌀은 떡을 하여 나누어 먹는다. 나머지는 밥을 지을 때 섞어 먹는다.

2. 집 밖 신앙

터줏가리

집을 관장하는 신이 성주신이라면 집터를 지켜 주는 신이 바로 터주신인데, 대개 집의 뒤쪽이나 담벼락에 붙여 신체를 모셨다. 터주의 신체는 옹기 단지에 쌀을 넣고, 짚으로 삿갓 모양의 덮개를 만들어 덮은 것이다. 이 덮개를 '짚주저리' 라 하는데 눈비가 왔을 때 빗물이 잘 빠지도록 하고, 추위나 더위에 터주단지를 보호하기 위해 덮어 두는 것이다. 터주를 모시는 것도 조상단지를 모시는 것처럼 가을에 맨 먼저 추수한 쌀(벼를 넣기도 함)이나 오곡을 단지에 넣고 단지의 어깨쯤이 지상으로 나오도록 하여 땅에다 묻고 뚜껑을 덮는다. 그리고 그 위에 짚주저리를 마련하여 덮어 둔다. 단지에서 나온 헌 쌀은 떡을 해서 터주가리에 바치고, 가족끼리 나누어 먹는다.

터줏가리를 부르는 이름도 지역에 따라 조금씩 다르다. 호남 지역에서는 '천륭' 혹은 '철륭단지', 영남에서는 '터줏독' 혹은 '터줏단지', 충청 지역에서는 '터줏가리', 경북 영덕에서는 '터신단지', 그 밖에 일부 지역에서는 '지신단지' 라 부르기도 했다.

경북의 안동·상주·의성·예천·풍기 등의 내륙에서는 터줏단지를 '용단지' 라 부르기도 했는데, 다른 지역에서 부르는 터줏단지의 개념과 똑같다. 우리의 민속신앙에서 용은 물을 관장하는 능력을 지닌 신이므로 농사가 잘 되기를 바라는 마음으로 물이 귀한 산간 지역에서 용단지를 섬겼기에 생긴 명칭이다. 전라도 지역에서는 장독대에서 천륭굿을 하기도 했는데, 이는 장독대를 관장하는 천륭신이 장독들을 무사하게 보관하여 장맛이 온전해 주기를 바라고, 가내 부귀와 화평을 비는 뜻이었다. 천륭은 천룡(天龍) 혹은 천룡(泉龍)에서 생긴 말인 것 같은데, 소리 나는 대로 철룡 혹은 천농·철룡 등으로 부르기도 했다. 충남의 청양에서는 칠월칠석에 장독대 앞에 제물을 차려 놓고 칠성신(七星神, 사람의 생명을 관장한다는 별자리의 신)과 터주신〔토지신(土地神)〕

에게 장맛을 온전하게 해 주고, 집안을 무사태평하게 해 달라고 제사를 올린다. 경남의 사천 축동에서는 단옷날 마을의 우물에서 좋은 물과 마을의 안택을 위해 천룡굿을 드리기도 한다.

터주신을 모시는 것은 집안에 재난이 없으라는 것과 곡식을 바침으로써 풍농을 비는 의미가 있다. 대개는 쌀단지를 땅에 묻는 것이 일반적이지만, 충북에서는 드물게 돌단을 쌓고 떡시루를 엎어 신체로 모시는 곳도 있다. 떡시루도 곡식과 관련이 있는 것으로 농사가 잘 되어야 떡을 해 먹을 수 있는 것이니, 이 또한 풍년을 기원하는 의미를 가지고 있다.

터주신에게 제사를 지내거나 천룡굿을 할 때는 간단한 제물을 차리고 시루떡을 하여 바치기도 하고, 애동지 때에는 팥죽 대신 붉은 시루떡을 쪄서 성주신과 터주신, 혹은 장독대에 놓고 제사를 드리기도 한다. 애동지란 음력 11월 초순에 드는 동지를 말하는데, 애동지에 팥죽을 끓여 먹으면 애들에게 좋지 않다 하여 붉은 팥 시루떡이나 수수떡을 해 먹어서 그 주술력으로 악귀를 쫓고자 했던 것이다. 팥이나 수수의 붉은색으로 귀신을 쫓는다고 생각한 것이다. '애동지'란 명칭에서 애들을 연관시킨 민속이라 여겨지는데, 집안의 액운을 쫓기 위해 뜨거운 팥죽을 끓이다가 혹시 애들한테 위험이 되어서는 안 되기 때문이다.

풍신제

음력 2월이 되면 우리나라는 기후 면으로 바람이 제법 세게 분다. 바람이 세게 불면 농사에도 좋지 않고, 초가지붕이 걷히고, 장독대도 무사하지 않다. 그리고 바다에서는 고기도 잡히지 않는다. 이럴 때 바람을 잠재우기 위해 우리네 여인들은 풍신제를 지냈다. 영등할머니가 심술을 부려 바람을 일으킨 것이

라 여겨 바람신인 영등할머니를 잘 달래면 바람이 잠잘 것이라 여겼다. 그래서 심술궂은 이 영등할미를 다시 하늘로 올려 보내면 바람이 없어질 것이라 여겨 풍신제 지내는 것을 '바람 올린다'고 하기도 했다.

영등할머니는 원래 하늘나라에 사는데, 음력 2월 초하룻날 지상으로 내려왔다가 20일에 올라가는 것으로 믿고 있다. 영동할머니가 지상으로 내려올 때는 딸이나 며느리를 동반하여 내려오는데, 딸을 데리고 올 때는 일기가 순탄하지만, 며느리를 데리고 오면 비바람이 세게 몰아쳐 농사에 피해를 입힌다고 한다. 이것은 고래로 어머니와 딸은 사이가 좋지만, 시어머니와 며느리 사이는 순탄하지 못함을 상징하는 것이라 볼 수도 있다.

영동제, 즉 풍신제를 지내는 방식도 지방에 따라 차이가 있으나, 영남지방에서는 대개 장독대에다 약간의 음식을 차려 놓고 정화수를 바치고 주부가 제사를 지낸다. 곳에 따라서는 생대나무 받침대를 만들어 음식을 올리기도 하고, 볏섬이나 볏가릿대 앞에서 제사를 지내기도 한다. 제수와 함께 오색실·채단·백지 등을 놓고 그 옆에 정화수를 올려 놓고 할머니가 손을 비비면서 바람이 잠잠하도록 빌고, 농사가 잘 될 것과 가내 만사형통할 것을 비는 것이다. 이를 바람 올린다고 한다. 이것은 과거 우리의 생활 수단이 농경이 주가 되었으므로 농사가 잘 되기를 비는 농경의례에서 비롯된 것이라고 할 수 있다.

제주도에는 2월에 바람의 피해가 많으므로 농사와 고기잡이에 지장이 많다. 그래서 풍신제를 성대히 지낸다. 이것이 이른바 제주도의 '영등굿'이다.

호식총

호랑이한테 희생당한 사람의 무덤을 호식총(虎食塚)이라 한다. 옛날에 강원도와 북부지방에는 호식

총이 많았다 한다. 얼마 전까지만 해도 강원도에도 이 호식총이 더러 남아 있어 보는 사람으로 하여금 등골을 오싹하게 만들었다. 호식총의 특색은 흙으로 무덤을 쓰지 않고, 큰 돌들로 봉분을 쌓아 그 위에 옹기로 된 떡시루를 덮어 놓았다는 것이다.

호랑이에게 잡혀 먹힌 사람은 호랑이의 종인 창귀(倀鬼)가 된다고 한다. 창귀는 호랑이의 머리에 붙어서 호랑이를 인도해 주는 역할을 하는데, 창귀가 호랑이한테서 탈출하려면 새로운 사람을 잡아먹도록 인도해 주어야만 하니 또 한 사람의 희생자가 생기는 셈이다. 그래서 이를 방지하기 위해 호랑이에게 잡아먹힌 사람은 화장하여 그 유골을 돌로 덮는다. 호랑이 귀신이 쓰인 망자의 영혼이 무덤에서 빠져 나오지 못하게 하기 위함이다. 그리고 돌무덤 위에 옹기로 만든 떡시루를 덮고 시루의 구멍에다 쇠꼬챙이를 꽂아 둔다. 귀신이 돌무덤을 비집고 나왔다 하더라도 떡시루가 덮여 있기에 도망가지 못한다. 떡시루는 귀신을 꼼짝 못 하게 가두어 두는 감옥의 구실을 하는 것이고, 쇠꼬챙이는 창살처럼 귀신을 찍어 누르는 역할을 하는 것이다.(쇠꼬챙이는 물레를 저어 실을 감을 때 쓰는 가락이다) 아무렴 귀신이 떡시루를 탈출하지 못할까마는 떡시루는 밑에 뚫린 구멍으로 뜨거운 김을 흡입하여 쌀가루를 익히는 것이니 생명체를 죽이는 역할을 하는 것이므로 모진 귀신이라 할지라도 시루의 상징적인 기능에 압도되어 탈출하지 말라는 의미가 내포되어 있다. 또 날카로운 쇠꼬챙이가 귀신을 찍어 누르고 있으니 더더욱 무덤 밖으로 나오지 못하기를 바라고 있는 것이다.

3. 장독대에 얽힌 민속

장독대와 정화수 사발

어느 가정, 어느 사람치고 고민이 없는 가정과 사람이 있을까. 그리고 그들이 바라는 염원이 없었겠는가. 가정의 우환을 해소하고, 그리고 개인의 소망을 달성하고자 하는 염원 표출의 한 방법으로 등장했던 것이 천지신명에 대한 기도가 아니겠는가. 그래서 우리의 할머니나 어머니들이 정화수 한 그릇을 정성껏 마련하여 어둠이 채 가시지도 않은 꼭두새벽의 미명에 장독대에 나가서 말없이 하늘을 향하여 천지신명에게 소원을 빌고 빌었던 것이다. 고요한 새벽의 어둠 속에서는 오직 하늘의 별빛만이 초롱초롱한데, 그 별빛이 정화수에 내려 앉아 하늘과 장독대를 이어 주는 연결고리가 되었던 것이다. 세상이 고요한 순수의 시간에 여인들은 맑은 정화수 한 그릇으로 하늘과 별과 영적인 교감을 하고, 그 투명한 액체의 물을 통해 무한의 영역인 우주에까지 그들만의 고뇌와 한과 인정과 마음을 띄워 보냈던 것이다. 그것이 우리네 여인들의 새벽녘 정화수 치성의 의미였다. 그래서 장독대는 집안의 성역이요 정화구역이었다.

또한 장독대는 그 가정의 여인네들이 장맛을 보존하기 위해 평소에 쓸고 닦고 정갈히 간수했던 장소이며, 전통사회에서 여자의 발언권이 무시되던 시절에 말 못 할 고통과 갈등·고민으로 심신이 괴로울 때, 여인네들은 장독대를 찾아 손때 묻은 장독을 얼싸안고 통한의 눈물을 흘렸던 곳이다. 그래서 장독대는 여성만의 공간이요, 그네들의 카타르시스의 장소였던 것이다.

장독대 치성은 깨끗한 정화수 한 그릇만 있으면 되었으니, 절이나 서낭당에 가지 않아도 되었다. 집 밖으로 나갈 필요도 없고 부산을 떨지 않아도 되었으니

남의 눈에 띌 필요도 없었다. 그래서 비밀스럽게 조용히 비교적 간편하게 치성을 드릴 수가 있었다. 이것은 우리네 여성들의 가족과 집안을 걱정하는 순박한 정신과 희생적인 삶을 보여주는 한국적 미덕이라 할 수 있겠다.

장독대는 정화된 공간이요, 정화수는 부정이 없는 깨끗한 물이다. 거기다 어둠이라는 미명의 공간속에서 바치는 여성의 순수한 마음이 절절한 희구가 되어 별빛 비치는 하늘에 통했으니, 이보다 더한 종교도 기원도 없을 것이다. 그러고 보니 장독대는 '정화수-어둠-순수한 마음-희구-별빛-하늘' 로 연결되는 지상의 통로였다.

장독에 붙인 버선본

장독대는 신성한 곳이기에 부정한 것이 접근해서는 안 된다. 장맛이 변질된다고 여겼기 때문이다. 또 벌레가 끼여도 장맛이 변하기 때문에 이러한 것들이 범접하지 못하도록 특별히 신경을 썼다. 장을 담근 후 한지로 버선본을 오려서 장독에 거꾸로 붙이고 장맛이 변하지 않도록 기원했다. 버선본을 붙였던 것은 버선이 밟는다는 상징적인 의미를 빌려온 것인데, 그렇게 함으로써 장맛이 변하지 말라는 뜻과 부정이나 잡귀가 범접하지 말라는 주술적인 의미가 들어 있다. 버선은 걸음을 걸을 때마다 밟고 밟히는 것이므로 벌레 같은 것은 밟혀서 죽기도 하겠지만, 수없이 밟힘으로써 주술적인 힘이 생겨나 부정이나 잡귀들이 밟히면 죽으므로 놀라 도망가리라고 믿어 왔다. 버선본을 거꾸로 붙인 것은 정상적인 모양보다 거꾸로 붙임으로 해서 장독에 침입하려는 악귀에게 더욱 두려움을 주어 침입을 막으려는 의도에서이다.[18]

장독을 관리하는 민속으로는 이른 새벽에 장독의 뚜껑을 열어 이슬을 맞히고, 맑은 공기를 쐬며, 동쪽에서 떠오르는 아침 햇볕을 쬐게 한다. 이렇게 하면 장의 숙성이 잘 되고 장맛이 변하지 않는다고 한다.

장독대의 민속

강원도 횡성군의 민속에, 혼례를 치른 새 며느리가 시댁으로 처음 신행을 오면 시어머니는 아무도 몰래 장독대로 가서 장독을 끌어안은 채 말없이 수저를 센다. 이것은 액을 물리치고 가족들의 무병장수를 비는 주술적인 행위이기도 하지만, 가장 큰 이유는 밥 떠 넣는 수저를 자꾸 셈으로써 새로 들어온 며느리가 말대꾸를 하지 않게 하는 비방이기도 했다. 수저가 입에 들어가면 말을 할 수 없기 때문이다. 강원도 명주군의 민속 중에는 집 떠난 자식이 어서 돌아오기를 바라는 뜻에서 어머니가 장독간에 앉아서 빈 물레를 돌린다. 이렇게 하면 물레 돌듯이 자식이 빨리 돌아온다고 믿은 데서 생긴 민속이라 한다. 또 식구 중에 누가 집을 떠나서 돌아오지 않으면 그가 위험에 빠지지 말라고 장독대에 명주실을 거미줄 치듯이 얽어매어 놓는다. 이렇게 해 놓으면 그 사람이 위험에 빠져도 무사할 수 있으며, 그 사람의 수명이 명주실처럼 길어진다고 믿었다.

장 담그는 날은 길일을 잡아 담가야 하고 솔가지·숯·고추·한지 등을 매단 금줄을 대문이나 장독대 앞에 쳐서 외인의 출입을 막았다. 부정을 타면 장맛이 변한다고 믿었기 때문이다. 메주를 독에 넣기 전에 독안에 숯불 두 덩이를 피워 넣고 좋은 꿀 한 탕기를 그 위에 부어 꿀 냄새가 막 날 적에 메주를 넣은 후, 소금물을 체에 밭쳐 독전에 차오르도록 붓는다. 장 담그는 물은 납설수(臘雪水)를 이용하기도 하는데, 이는 눈을 녹인 물이다. 섣달에 내린 눈을 모아서 가마니에 담아 응달진 곳에 쌓아 두었다가 녹여서 장을 담그면 벌레가 생기지 않는다 하여 이를 이용하기도 했다.

장을 담근 후 장독 윗부분에 숯, 붉은고추, 대추, 깨 등을 띄운다. 이것은 장맛을 변치 않게 하는 하나의 주술적인 행위이기도 하지만, 과학적인 근거도 있다. 숯은 나쁜 냄새와 곰팡이 등을 흡입하는 작용을 하고, 고추의 매운 맛이 소독작용과 아울러 메주 속에 있는 비타민과 영양소와 함께 어울려 발효과정에서 장을 더욱 맛있게 한다고 알려져 있다. 그 밖에 고추와 대추는 자손의 번성을 뜻하고, 아울러 이들의 붉은 색깔은 재액을 막는 의미도 있다.

장을 담근 후 장독의 윗부분에 왼새끼 금줄을 두르기도 한다. 새끼줄에 숯과 붉은 고추를 끼워서 매어 두는데, 부정한 것이 침범하여 장맛을 변질시킬까 염려하여 예방하는 비방이다. 또 장독을 짚으로 싸서 새끼줄로 잘 묶어 두기도 한다. 장을 담근 후에 추워서 장독이 얼어 터지는 수가 있다. 또 메주와 간물을 가득 부어 놓으면 메주의 부피가 늘어나서 독이 터지는 수가 있다. 이를 방지하기 위해 테를 메워 두기도 한다.

이제 현대 문명의 발달로 생활은 간편해지고, 도시생활과 아파트 주거공간 때문에 장독이나 김칫독은 우리의 생활에서 점점 멀어져 가고 있다. 그렇다 하더라도 수천 년 이어 온 우리의 옹기문화는 하루아침에 사라지지는 않을 것이다. 오랜 세월 우리만이 누려 온 우리의 독특한 문화를 합리적으로 계승해 갈 방법을 모색해야 할 것이다.

주(註)

1. 이와 비슷한 추측을 한 예로는 다음과 같은 문헌들이 있다. 한병삼, 『토기와 청동기』, 세종대왕기념사업회, 1974, p.35 ; 李盛雨, 『高麗 이전의 韓國食生活史 硏究』, 鄕文社, 1978, p.70.

2. 통일신라시대에 유약을 바른 옹기가 있었다고 설명한 예는 다음과 같은 문헌들이 있다. 한병삼, 『토기와 청동기』, 세종대왕기념사업회, 1974, p.108; 李盛雨, 앞의 책, p.246; 李富雄, 『韓國民俗大觀 5-생업기술편』, 高麗大民族文化硏究所, 1982, p.552; 정양모 외, 『옹기』, 대원사, 2004(8쇄), p.82.

3. 金龍鎭, 『韓國民俗工藝史』, 學文社, 1976, p.113.

4. 윤용이, 『우리 옛 질그릇』, 대원사, 2002(2쇄), p.92.

5. 김성구, 『옛 기와』, 대원사, 2003(7쇄), pp.34-36.

6. 李盛雨, 앞의 책, p.276.

7. 李盛雨, 앞의 책, p.277.

8. 이서래, 『한국의 발효식품』, 이화여자대학교 출판부, 1986, p.55.

9. 張智鉉, 『韓國傳來醱酵食品史 硏究』, 修學社, 1989, p.148. 『동국이상국집(東國李相國集)』「가포육영(家圃六詠)」에 "무를 장 속에 박아 넣어 여름철에 먹고, 소금에 절여 겨울철에 먹었다(菁得醬尤宣三夏食 漬鹽堪備九冬支)" 라는 내용이 보인다. 李盛雨, 앞의 책, p.403과, 이서래, 앞의 책, p.144에도 같은 설명이 있다.

10. 이서래, 앞의 책, p.56.

11. 이서래, 앞의 책, p.57.

12. 강인희, 『韓國食生活史』, 삼영사, 1979, p.98.

13. 이서래, 앞의 책, p.142. 중국 최초의 시집인 『시경(詩經)』(B.C. 600-1000년경)에 "밭 속에 작은 원두막이 있고, 밭두둑에 오이가 열려 있다. 이 오이를 가지고 김치를 담가 조상께 바치면 수를 누리게 되고 하늘의 복을 받는다(中田有盧 疆場有瓜 是剝是菹 獻之皇祖 曾孫壽考 受天之祐)" 라는 구절이 있는데, 여기에 나오는 '저(菹)'가 김치를 가리키는 것이긴 하나 정확히 어떤 것인지에 대해서는 알 수 없다.

14. 이서래, 앞의 책, p.144.

15. 李盛雨, 앞의 책, p.405.

16. 이서래, 앞의 책, pp.146-147.

17. 충남 논산군 노성면 교촌리 윤증(尹拯) 선생 고택의 종부 양창호(1990년 당시 72세) 할머니의 이야기. 이 집에서는 장 담그는 일을 무척 중요시했다 한다. 그리고 장독들도 많았고 담근 지 오래 된 장도 많이 보관하고 있었다. 고건물과 장독대가 유명하여 중요민속자료 제190호로 지정되어 있다.

18. 장독에 버선을 붙이는 경우가 있었는지는 모르겠으나, 대개는 한지 버선본을 붙였다.

황헌만(黃憲萬)은 1948년생으로 서라벌예술대학 사진과를 졸업했다.
『중앙일보』출판사진부 기자와 서울문화사 사진부장을 역임했으며,
2006년 현재 사진작업실 'M2'를 운영하고 있다. 사진집으로
『장승』(1988), 『초가』(1991), 『조선땅 마을지킴이』(1993), 『한국의
세시풍속』(2001), 『도산서원』(2001), 『퇴로리지(退老里誌)』(2003)
등이 있다.

이영자(李英子)는 1945년생으로 동국대학교 교육대학원
미술교육학과를 수료했다. '세계 도자기 엑스포 2001 경기도'
「옹기」전의 커미셔너로 활동했으며, 「쭈글이옹기·
빼뚤이민화」(2004), 「옛 옹기 그리고 지금은」(2005), 「필름 속에서
꺼낸 항아리」(2005) 등 다수의 옹기 관련 전시를 기획했다. 현재
옹기민속박물관 관장, 인천광역시 문화재전문위원으로 있다.
저서로 『옹기나들이』(2000), 『옹기문양』(2002)이 있으며,
『옹기와의 대화』(정병락 유저, 1997)를 펴내기도 했다.

배도식(裵桃植)은 1942년생으로 동아대학교 국문학과를 졸업하고
부산대학교 대학원에서 문학박사학위를 받았다. 『향토문화지』(1989),
『한국민족문화대백과사전』(1991), 『경상남도 민속자료집』(1993),
『세시풍속』(2002), 『한국세시풍속사전』(2005)의 집필위원을
역임했고, 현재 부산광역시 문화재전문위원으로 있다. 한국 민속학
관계 연구논문 백이십여 편을 발표했으며, 저서로 『한국민속의
현장』(1993), 『한국민속의 원형』(1996), 『음 그래 그 이야기
말이지』(2002), 『좌수영(左水營) 어방(漁坊)놀이』(2005) 등이 있다.

韓國基層文化의 探究 — ❿

기 사진 황헌만 / 글 이영자·배도식

초판1쇄발행 ——— 2006년 4월 10일
발행인 ———— 李起雄
발행처 ———— 悅話堂
　　　　　　　　경기도 파주시 교하읍 문발리 520-10 파주출판도시
　　　　　　　　전화 (031)955-7000, 팩시밀리 (031)955-7010
　　　　　　　　http://www.youlhwadang.co.kr
　　　　　　　　e-mail:yhdp@youlhwadang.co.kr

등록번호 ——— 제10-74호
등록일자 ——— 1971년 7월 2일
편집 ————— 조윤형
북디자인 ——— 공미경
인쇄 ————— (주)로얄프로세스
재책 ————— (주)상지사피앤비

* 값은 뒤표지에 있습니다.